· 중국학 신총서1 ·

현대 중국어 어순의 정보구조와 초점

· 중국학 신총서1 ·

현대 중국어 어순의 정보구조와 초점

남궁양석 지음

한국학술정보㈜

발간사

•고려대학교 중국학연구소•

〈중국학 신총서〉의 발간에 즈음하여

　한국의 중국학 연구는 유구한 역사를 지니고 있습니다. 그중에서도 문학, 역사, 철학을 중심으로 하는 중국학의 인문학적 전통은 근세까지 축적된 폭넓은 바탕 위에서 오늘날 세계적인 연구 중심으로 발돋움하고자 노력하고 있습니다. 고려대학교 중국학연구소는 일찍이 한국 중국학 연구의 선봉을 이룩한 수많은 석학들의 관심과 배려로 설립된 이래 중국 문사철 연구의 오랜 전통을 이어가는 중점 연구소로 발전하였습니다. 오늘날의 발전이 있기까지는 초기 중국학연구회를 창립한 초대회장 김준엽 교수님 이하 역대 회장님과 소장님의 노력에 힘입은 바 큽니다. 향후 본 연구소는 안으로 국내 중국학 발전의 초석을 다지기 위해 적극 노력하고 밖으로는 세계화의 물결에 맞춰 국제 중국학 연구의 동향에 한층 더 귀 기울여 세계적인 관련 연구소와의 긴밀한 교류활동을 계속할 것입니다.

　이러한 목적을 달성하기 위하여 본 연구소에서는 국내 중국학 분야의 우수 박사학위논문을 엄선하여 〈중국학 신총서〉의 이름으로 간행하기로 하였습니다. 본 연구소의 이러한 기획은 한국학술정보(주)의 적극적인 협력 하에 마침내 결실을 이루게 되었으며 앞으로 중국어문

학, 중국역사, 중국철학 및 기타 중국학분야의 최신 연구 성과를 담아
내게 될 것입니다.

　최근 우리나라 중국학계는 한중관계의 긴밀한 발전과 더불어 비약
적인 성과를 이루고 있으며 나날이 새로운 연구를 쏟아내고 있습니다.
우수한 신진학자의 박사논문은 최신 연구의 결정판이기도 하며 한국
중국학의 현주소를 드러내는 바로미터이기도 합니다. 이러한 연구 성
과는 장차 국내는 물론 해외 중국학의 판도에도 영향을 미치게 될 것
이 틀림없습니다.

　본 연구소는 본 총서의 간행에 앞서 이미 국내 중국학 전문가들의
권위 있는 연구성과를 망라하는 〈중국학총서〉시리즈와 중국역사상 문
사철 관련 인물을 집중적으로 다루는 〈중국역사인물99인평전〉시리즈
를 간행하고 있습니다. 이번에 우수 박사학위논문을 엄선하는 〈중국학
신총서〉의 간행을 통해 국내외 중국학 연구의 발전에 한층 더 기여할
수 있게 되기를 간절히 기대합니다.

2008년 2월

고려대학교 중국학연구소 소장

최용철(崔溶澈)

서 문

　중국어는 엄격한 의미에서 서구 언어 이론에서 말하는 형태 변화가 없다고 할 수 있는데, 이것은 중국어 문법의 가장 중요하고 근본적인 특징이라고 할 수 있다. 분석형 언어인 중국어에서는 어순(word order, 詞序, 語序)이 특히 중요한 작용을 한다. 중국어에서 어순이 도대체 어떤 작용을 하는 것인가의 문제는 탐구할 만한 가치가 있다. 어순은 문법수단이 되고 단어, 구나 문장의 어떤 문법기능을 표시한다. 어순이 변하면 단어, 구, 문장의 문법 기능도 변화가 발생할 수 있고, 의미의 초점이 달라질 수 있다.

　이 책은 고려대학교 대학원에 제출한 박사학위 논문인 「現代漢語의 語順硏究」를 다듬은 것이다. 어순 문제와 관련된 토론의 범위는 아주 광범위하다. 이 책에서 다루는 것은 첫째, 중국어에도 어순을 결정하는 요인이 있다는 전제하에 그 요인이 무엇인지를 규명해 보는 데 있다. 이것은 결국 중국어 어순을 제약하는 요인을 탐색하는 것이라고 본다. 중국어 어순 결정요인을 찾게 되면 구어나 문어를 막론하고 어순의 오류를 줄일 수도 있고, 작문에서의 어순 부적합과 구어에서 어순과 관련 있는 '말실수(speech error)'도 줄일 수 있을 것이다. 우리는 이러한 작업 과정을 통하여 중국어의 언어 풍격(風格), 즉 중국어 풍격을 찾을 수도 있다고 본다. 둘째, 중국어 어순 결정요인의 동태적 연구―정보·초점(focus)의 기능적 탐구―를 통하여 어순을 전략적으로 활용할 수 있는 능력을 향상시키고자 기능적 관점에서 탐색하는 데 있다.

부족한 이 책이 나오기까지 아낌없는 지도와 도움을 주신 지도교수 공재석 교수님 그리고 허벽 교수님, 이재훈 교수님, 최규발 교수님, 맹주억 교수님께 감사드린다.

이 책이 중국학총서로서 발간될 수 있도록 배려해 주신 고려대중국학연구소 소장이신 최용철 교수님과 출판을 맡아 주신 한국학술정보(주) 관계자 여러분께도 감사드린다.

끝으로 학자의 길을 걸을 수 있도록 인도해 주신 하나님께 감사드립니다. 그리고 사랑하는 부모님, 참으로 긴 시간 동안 묵묵히 고락을 함께하고 힘을 보태 준 위, 의 엄마 배효심 씨 그리고 음으로 양으로 도와주신 모든 분들에게도 감사를 전한다.

2008년 2월
南宮良錫

차 례

제 1 장

서 론

12

1. 문제제기 및 연구목적

중국어는 엄격한 의미에서 서구 언어 이론에서 말하는 형태 변화가 없다고 할 수 있는데, 이것은 중국어 문법의 가장 중요하고 근본적인 특징이라고 할 수 있다. 분석형 언어인 중국어에서는 어순(word order, 詞序, 語序)1)이 특히 중요한 작용을 한다. 중국어에서 어순이 도대체 어떤 작용을 하는 것인가의 문제는 탐구할 만한 가치가 있다. 어순의 본격적인 논의에 앞서 먼저 그 용어의 정의에 대해 살펴보도록 하겠다.

먼저 '詞序'란 용어를 쓰는 경우를 보자. 高名凱・石安石(1963)에서는 "문장 중의 단어의 선후 순서가 詞序이고, 그것은 많은 언어에서 통사 구조를 표현하는 중요한 문법수단이다."라고 설명하였으며, 劉又辛(1997)은 "詞序는 복합사의 형태소 순서와 문장성분의 순서를 포함한다."고 했다.

'語序'란 용어에 대해서 李作南・李仁孝(1984)는 "語序는 일반적으로 단어와 단어가 서로 조합하는 배열순서인데, 단어와 구 혹은 구와 구가 서로 조합하는 배열순서를 가리킨다. 문장을 분석할 때는 문장성분과 문장성분의 배열순서를 가리킨다. 문장성분은 단어일 수도 있고 구일 수도 있다."고 하였다. 吳爲章(1995)은 "語序는 광의와 협의가 있다. 협의 語序는 일반적으로 형태소, 단어의 배열순서를 가리키고, 광의 語序는 통상적으로 각개 각층, 각종 길이의 언어단위와 성분의 배열순서를 가리킨다."고 했고, 馬學良・瞿靄堂(1997)은 "語序는 통상 각개 등급의 언어단위와 성분의 배열순서이다."2)라고 하였다.

1) 중국어에서는 '詞序', '語序'라는 용어를 사용하고 있는데, 그 정의에 있어서는 일치하지 않고 있다. 본 논문에서는 특별히 구별할 필요가 있는 경우를 제외하고는 '어순'이라는 용어로 통칭하고, 본 절의 어순 용어의 정의에 있어서는 해당 원문의 용어를 그대로 적는다.

辭典에서의 어순에 관한 정의를 살펴보면, 『現代漢語詞典』의 풀이는 "詞序-구나 문장에서의 단어의 전후 순서"라고 명시하고 있고, '詞序'와 '語序'를 동일하게 간주하고 있다.

이상에서 살펴본 바와 같이 語序가 詞序보다 광범위함을 알 수 있다. 詞序와 語序 이 두 가지 용어 중에서 語序란 용어가 비교적 적합하다고 본다. 따라서 吳爲章, 馬學良·瞿靄堂, 吳月珍·柴春華3) 등이 내린 정의를 따라야 어순을 폭넓게 다룰 수 있다고 보지만, 본 논문에서는 주로 문장에서의 어순 문제를 다룬다.

우리는 어순을 분류할 때, '자유어순(free word order; FWO)'과 '고정어순(rigid word order; RWO)'으로 분류한다. 자유어순 언어라 할 수 있는 한국어와 일본어의 경우에도 고정어순의 일면을 드러내는 제약(restriction)이 있다. 중국어 어순에 대하여 학계에서는 '고정적'이라거나 '비교적 고정적'이라고 보는 것이 일반적이다. 그러나 范繼淹·徐志敏(1981)은 중국어 어순이 비교적 자유스럽다고 했고, 李臨定(1987)은 사실 어순이 고정적이라는 것은 문제의 일면이고, 다른 한편으론 중국어 어순 역시 비교적 유동적이라고 했다. 그렇다면 우리는 여기서 고정적인 것은 어떠한 요인에 의하며, 유동적이라면 어떠한 요인과 제약이 작용하는가라는 문제를 제기할 수 있다.

어순 문제와 관련된 토론의 범위는 아주 광범위하다. 본 논문에서는

2) 언어단위는 語素, 詞, 詞組, 句子(단문과 두 개 혹은 두 개 이상의 절로 구성된 복문을 포함), 句群을 가리킨다. 句群은 문장보다 큰 언어단위이고 두 개 이상의 단문이나 복문으로 구성된 것이다. 복문과 句群은 의미상과 형식상에서 엄격한 한계가 없다. 如語素序, 詞序, 詞組序, 句子序; 構詞成分(詞根, 詞綴)序, 句子成分(主語, 謂語, 述語, 賓語, 補語, 狀語, 定語, 中心語)序, 分句序 等.
3) 吳月珍·柴春華(1997)에서도 語序는 詞序와 같지 않고, 語序의 범위는 크고 詞序의 범위는 작으며 語序는 詞序를 그 안에 포괄할 수 있다고 했다.

14

그 하나의 문제로 중국어 어순의 결정요인을 다루고자 한다.

본 논문의 첫 번째 목적은 중국어에도 어순을 결정하는 요인이 있다는 전제하에 그 요인이 무엇인지를 규명해 보는 데 있다. 어순 결정요인을 찾는 것은 어떠한 의미를 갖는가? 이것은 결국 중국어 어순을 제약하는 요인을 탐색하는 것이라고 본다. 중국어 어순 결정요인을 찾게 되면 구어나 문어를 막론하고 어순의 오류를 줄일 수 있고, 작문에서의 어순 부적합과 구어에서 어순과 관련 있는 '말실수(speech error)'도 줄일 수 있을 것이다. 우리는 이러한 작업 과정을 통하여 중국어의 언어 풍격(風格),4) 즉 중국어 풍격을 찾을 수도 있다고 본다. 세계 각 민족의 언어는 음운, 어휘, 문법이 다를 뿐만 아니라 언어가 제공하는 정보 혹은 가지고 있는 표현방식도 각기 다르다. 이러한 표현상의 다름은 각 민족의 다른 문화 습속에 의해 결정되는 것이다. 중국어의 풍격은 기타 언어(예를 들면 인구어)의 언어 풍격과 상대적이다. 중국어는 중국 특유의 전통 문화 습관이나 풍속이 형성하는 중국인의 독특한 사유방식과 의사소통 방식을 가지고 있는데, 그것이 어순에 어떻게 반영되고 있는가를 고찰하는 데 있다.

이 논문의 두 번째 목적은 중국어 어순 결정요인의 동태적 연구─정보·초점(focus)의 기능적 탐구─를 통하여 어순을 전략적으로 활용할 수 있는 능력을 향상시키고자 기능적 관점에서 탐색하는 데 있다.5) 왜 같은 의미구조가 다른 통사구조를 사용하고, 같은 의미를 다

---

4) 언어 풍격학은 본 세기 초 스위스학자 Ch. Bally가 제기한 것으로서 언어학에서 하나의 독립된 학문이 되었다. 鄭頤壽·林承璋(1987)에 따르면, 언어 풍격은 수사의 최고 계층으로서 음운, 단어, 문장, 담화 등 수사 수단의 종합 활용이다. 본 논문에서 말하는 풍격이란 개인의 어체(語體)의 풍격의 문제라기보다는 주로 구어와 일상어에서 보이는 중국어 풍격의 문제이다.
5) 여기서 언급한 '기능'은 효과적인 정보전달을 위한 심리의 반영이라고 할 수 있다.

른 형식을 사용해서 표현하며 이 과정에서 어떠한 요인이 작용하는 것인가? 그리고 어떤 언어환경에서 어떤 격식을 사용하고 이것은 무엇에 의하여 결정되는 것인가라는 물음에서 출발한다. 아래 예문을 보자.

(1) 他吃了我的飯了.
   그는 내 밥을 먹었다.
(2) 我的飯他吃了.
   내 밥은 그가 먹었다.
(3) 我的飯被他吃了.
   내 밥은 그가 먹었다.
(4) 他把我的飯吃了.
   그가 내 밥을 먹었다.

어순은 문법수단이 되고 단어, 구나 문장의 어떤 문법기능을 표시한다. 어순이 변하면 단어, 구, 문장의 문법 기능도 변화가 발생할 수 있고, 의미의 초점이 달라질 수 있다. 우리는 위의 예문을 통하여 동일한 의미 내용을 표현하는데 다른 어순의 문형이 있고, 의사소통 중의 언어환경이나 문맥의 필요 때문에 다른 표층 구조를 선택할 수 있다는 것을 알 수 있다. 그리고 어순이 다른 표층 구조가 함유하는 언어환경에 따라 의미도 약간 차이가 있기 마련이고, 전달하는 초점도 다르다는 것을 알 수 있는데, 이러한 과정 속에서 작용하는 요인은 어떠한 것이 있는가라는 물음을 제기할 수 있다.

다시 정리하면 본 논문의 중점은 중국어 어순 결정의 기본 요인을 찾고, 그러한 요인은 서로 어떠한 작용을 하는가를 살펴본다. 그리고 정보·초점에서 중국어의 어순 재배치 현상은 어떠한 요인에 의한 것이며, 그것이 의도하는 것은 무엇인가를 탐색하고자 한다.

16

2. 기존의 연구

　중국어 어순 연구는 논항과 비논항 두 개의 계층상에서 고찰해야 한다.[6] 비논항 성분의 어순 연구는 30년대 이래로 논쟁이 되어 왔다. 중국어 어순 연구의 전통적인 방법은 두 가지 특징이 있는데, 그 하나는 엄격히 문법 범위를 제한하는 것이다. 기본적으로 통사관계에서 출발하여 어순현상을 분석하는 것이다. 다음은 기본적으로 일종의 정태적 공시적 연구이며, 역사적 변화는 비교적 적게 고려한다.

　언어의 유형분류는 언어의 구조 특징에 근거하여 세계의 언어를 분류하는 방식이다. 현대 언어 유형학 연구가 치중하여 연구하는 것은 구조상 서로 포함하는 보편 현상이며 통상적으로 어순(특별히 동사와 목적어의 어순)을 언어유형 분류의 주요한 참고사항으로 한다. 언어학자는 각 언어의 어순을 볼 때, 세계의 여러 언어를 다음의 세 가지 관점에서 비교하여 분류한다. 첫째, 형용사가 그 수식하는 명사의 앞에 오는가 뒤에 오는가, 둘째, 명사가 영어와 같이 전치사를 가지는가, 일본어 격조사와 같이 후치사를 가지는가, 셋째, 문의 기본적 세 가지 요소인 S, V, O의 배열이 SVO인가 SOV인가 VSO인가이다.

　지금까지 나온 여러 학자들의 연구를 종합해 보면, 중국어는 고도로 일치하는 SVO나 SOV 언어는 아니다. 중국어의 기본어순에 대해서 鄧守信(1975)은 중국어가 변함없이 일관된 언어가 아니고, SOV 경향을 가지고 있음은 물론 SVO 경향도 가지고 있다고 하였다. Li and Thompson은 중국어의 기본어순을 정의하기가 쉽지 않다고 하였다.[7]

---

6) 논항 성분의 어순 연구는 S-V-O의 순서 안배에 집중되어 있다. 관형어, 부사어는 문장 구조의 비논항 성분이다.

7) Li, Charles N. and Sandra A. Thompson (1981) Mandarin Chinese A :

申小龍(1984)도 유형학상 중국어는 일종의 변함없이 일관된 언어가 아니고, 중국어 자체는 두 가지 언어의 혼합이라고 주장하였다. 지금까지 중국어 어순유형에 대한 연구는 지속되어 왔으며, 앞으로도 상당 기간 논쟁이 될 것이고, 두 가지 유형의 어순이 공존(doubling)할 것이다. 고금 중국어는 모두 VO 어순이 우세를 점하고 있는데 전치사가 그 하나의 증거라고 할 수 있다. 통계에 근거해 보더라도 기본어순은 SVO라고 할 수 있다.[8]

어순 유형론에 관련된 논문 이외에 중국에서 발표된 어순 관련 논문들이 많이 있는데, 상당한 연구 성과를 올리고 있는데 아래와 같다.

胡壯麟(1989)은 기능 문법적 이론으로 중국어의 어순을 분석하였다.

邵敬敏(1993)은 전통 문법에서는 역대로 중국어 문법의 특징 중 하나인 어순을 특히 중요시했고, 이러한 흐름은 50년대 주어 목적어 문제에 관한 토론[9]에서 이미 이와 관련된 과제를 언급하였다고 한다. 80년대 어순변화의 토론은 또 다시 열기를 띠게 되었다. 어순변화의 논쟁은 주로 두 개의 문제, 즉 관형어의 후치와 전치를 포함하는 관형어의 위치 이동과 목적어의 전치에 관심이 집중되었다고 주장한다.[10]

Functional Reference Grammar. University of California Press(黃宣範 譯 (1983)『漢語語法』, 文鶴出版有限公司 / 박정구 외 역(1989)『표준한어문법』, 한울아카데미), 38-39쪽 참조.

8) Chao-Fen Sun & Talmy Givon에 따르면, VO어순과 OV어순의 분포를 통해 볼 때 현대 중국어는 공시적으로 전형적인 VO형 언어에 속한다고 하였는데, 문헌자료 분석 결과, 전체적으로 글말 중국어는 94%가 VO어순이고, 입말 중국어는 92%가 VO어순이라고 하였다. 한국중국언어학회 편(1998), 237-269참조.

9) 주어, 목적어 논쟁에 관한 저작으로서는 黎錦熙『新著國語文法』, 王力『中國語法綱要』, 呂叔湘『語法學習』, 丁聲樹 等『現代漢語語法講話』, 張志公『漢語語法常識』등이 있다.

10) 邵敬敏(1993: 300-303), 許璧(1993: 244-245)참조, 許璧(1993: 245-246)

張伯江·方梅(1995)는 담화분석의 각도에서 각자 중국어 구어 어순의 부분 특징을 토론하였고, 劉寧生(1995)은 인지(cognition) 언어학의 각도에서 向心性 구조의 어순에 대해서 연구를 하였는데 중국어의 어순과 SVO, SOV형 언어 구조의 모순에 대해서 합리적 해석을 하였다. 張煉强(1998)은 주로 문법, 인지, 논리, 화용, 수사 등 여러 방면에서 중국어 어순에 대해서 고찰하고 이론상 설명하였으며, 실제로 중국어 어순의 주요 특징과 기본 면모를 서술하고 있는데, 인지·논리는 중국어 어순의 심층구조이고, 화용·수사는 중국어 어순 활용의 표현 형식이라고 보고 있다.

Yat-Shing Cheung(1976)에서는 중국어 어순변화에 대해서 통시적으로 언급하고 있다. 이 연구는 중국어에서 통시적인 변화의 방향과 의미 그리고 중국어가 겪은 언어의 구조와 변화 사이의 관계에 대한 연구라고 할 수 있다.

또 張伯江(1991)의 '動趨式和賓語語序的考察'이 있고, 屈承熹(1993)는 어순과 관련된 연구를 선보였는데, 제5장에서는 역사 변천 중의 중국어 피동 구조를 서술하고 있고, 제6장에서는 중국어 어순과 그 변화 문제를 탐색하고 있다.

魏岫明(1992)은 중국어 문장에서의 주요 구(詞組) 구조(주어, 동사와 목적어)의 순서를 토론하고 있는데, 다음과 같은 문제를 해결하는 데 목적을 두고 있다. 첫째, Greenberg식의 어순 상관성 특징이 어떤 언어의 어순을 예측하는 유일한 증거가 될 수 있는 것인가? 둘째, 중

에 따르면, 그 당시의 어순 문제에 대한 토론은 이상적인 결론을 도출해 내지는 못했어도 공개 토론의 장을 열어 놓는 계기가 되었다는 점에서 중요한 의미를 지니고 있다. 토론 과정에서는 주로 어순 연구의 층차성과 언어 유형학의 수립 및 구어 문법의 위치 이동에 대한 특징 문제 등이 주류를 이루어 다루어졌다.

국어는 Li와 Thompson이 말한 어순의 변천을 겪었는가? 셋째, 현대 중국어는 지금 어순이 어떠한가? 현대 중국어는 戴浩一이 말한 것처럼 SOV 어순의 언어인가 등등을 다루고 있다.

중국어 어순 결정요인과 관련해서는 戴浩一(1985), 廖秋忠(1992), 王占馥(1995), 鄭振賢(1995)이 언급하였다.

李苑雨(1985)에서는 Greenburg와 Vennemann의 유형론을 토대로 중국어의 어순이 공시론적 관점에서 어떻게 유형화되어야 하는가를 개괄적으로 보여 주고 있다.

李鎭英(1998)에서는 處置文의 어순이 어떻게 변화하였는가, SVO와 SOV 어순이 처치문 형성에 어떠한 영향을 끼쳤는가에 대한 탐색을 하였고, SVO 어순의 우세 현상이 시대의 흐름에 따라 다양화되고 변형되는 이유가 무엇이며 어떠한 요인들이 어순변화에 작용하는지를 고찰하고 있다.

한국중국언어학회(1998)에서 편한 '中國語語順硏究'에서는 중국어 언어 유형론과 통사론, 의미론, 화용론에 관련된 미국, 중국, 대만 등에서 발표된 논문들을 싣고 있는데, 어순에 관련된 국외의 연구 동향을 살펴볼 수 있다는 점에서 많은 참고가 된다.

金玧廷(1999)에서는 전치사구와 부정어 간의 어순 관계를 '고정적인 경우'와 '유동적인 경우'로 나누어 분석하였다. 전치사구를 지니고 있는 문장을 긍정문에서 부정문으로 변형시켰을 때 부정어가 어느 위치에 놓이는가를 알아보고, 이 두 부류를 통해 나타나는 속성을 분석하고 있다.

70년대 이후 많은 언어학자들, 특히 미국과 중국의 언어학자들이 어순 문제를 문법 연구의 중요한 과제로 여겨 새로운 탐색을 하였다. 이와 같이 국외의 어순 연구는 발전과 깊이를 더하고 있으나 국내에서의 어순에 대한 연구는 아직 미진한 편이다.

3. 연구범위 및 방법

먼저 살펴볼 것은 어순이론에 관한 것이다. 어순에 대한 연구는 크게 형태론적 관점, 기능적 관점, 심리적 관점에서 이루어져 왔다. 형태론적 관점에서의 어순 연구는 언어 유형론으로써, 언어 간의 비교를 역사적인 계보관계가 아닌 구조상의 특색에 기초하여 분류, 연구되어 왔고, 기능적 관점에서의 연구는 구정보와 신정보, 화제, 강조 따위가 어순에 미치는 영향을 주로 연구한 Firbas(1959, 1966)를 위시한 Prague 학파의 주장이 중심이 된다. 어순을 심리적 관점에서 살펴본 연구는 인간의 사고, 즉 가치개념이나 인지 등이 어순에 미치는 영향을 연구하는 것이다.[11]

프라그학파는 언어의 가장 기본적이며 중요한 것을 의사소통 기능 (communicative function)으로 보았는데, 이것은 '정보전달의 효용성' 측면을 고려하는 본 논문의 중요한 전개 수단이 된다.

Dik(1978)의 기능문법은 의미, 통사, 화용의 세 기능 중에서 화용 기능을 가장 포괄적인 것으로 보고 있다. 이전의 문법 연구에서는 기능 분석은 덜 중시하였다. 언어는 인류의 가장 중요한 의사소통 도구이다. 사람들은 언어를 사용할 때는 의사소통의 수요에서 나오고, 필히 정보전달 기능의 각도에서 어순을 결정하는데 이것은 각 언어에서 공통의 것이다. 중국어와 같이 문법 형태소가 발달되지 않은 언어에서는 어순의 정보전달 기능이 더욱 두드러진다. 이는 張伯江·方梅(1994)가 중국어는 기능을 중시하는 언어이고, 통사 규칙의 제약이 상대적으로 약하다고 주장하는 것과도 맥락을 같이한다.

당대 언어학의 중점은 이미 인류의 언어능력(Linguistic Competence;

---

11) 蔡琬(1986:10)에서 재인용.

이하 LC라 칭함)의 연구에서 사람들의 의사소통 능력(Communicative
Competence; 이하 CC라 칭함)이나 사람들에 대한 언어 사용 능력에 대
한 연구 토론으로 바뀌고 있다. 만약 어순을 통사구조 범위로 제한한다
면 허다한 현상을 명확히 설명할 수가 없다. 어순의 연구는 개별적으로
이루어지는 것이 아니라 상호 보완적인 관계로서 종합적으로 이루어져
야 한다. 언어구조는 다측면적(multilevel)이고 이것은 지금 언어학계의
사람들이 공지하고 있는 사실이다. 다측면적 고찰은 단측면적 고찰보다
더욱 언어구조의 본질에 부합하기 때문이다. 문법연구의 정확한 방법은
형식묘사와 기능해석의 유기적인 결합이다. 언어 연구에서 LC와 언어
수행(Linguistic Performance; 이하 LP라 칭함)을 명확히 구분하고 연
구 대상을 LC에만 한정시키는 경향에 대한 비판이 대두됨으로써 LP 차
원을 언어 연구에 포함하려는 작업이 시도되고 있다. 어순은 통사와 관
련이 있을 뿐만 아니고 의미와도 관련이 있고, 언어 자체 이외의 요소,
즉 화용적 요소와도 관련이 있다. 그러므로 어순에 대한 기능적 접근은
어순을 좀 더 체계적으로 연구하기 위한 유효한 방법이 될 수 있을 것이
다. 과거에도 이러한 방면의 연구에 주의를 하였다.[12]

　본 논문에서는, 중국어의 어순과 정보·초점에 대해 기능·인지 각
도에서 탐색해 보고, 어순의 담화 전략적 접근을 시도한다. 이는 어순
의 실제 활용과 관련이 있다. 정리하면, 본 논문은 '중국어 사용에 대
한 연구' 성격이 강하다고 할 수 있다.

---

12) 文煉·胡附(1984)는 어순 연구에 대해서, 의미, 문법과 화용의 3개의 다
　　른 평면을 구분해야 한다고 제기하였다. 즉 문장은 통사 구조가 기초가
　　되어야 하지만, 문장은 결코 통사 구조와 같지 않고 문장은 종종 통사
　　구조 기초 위에서 增添(예를 들면, 增添外位成分, 독립성분)이 있고, 변
　　화(예를 들면, 도치, 생략)가 있다. 이러한 변동은 어떤 것은 의미와 관
　　련이 있고, 어떤 것은 화용과 관련이 있다. 그러므로 막연하게 어순변화
　　를 단순히 통사 구조의 변화라고 간주해서는 안 된다는 것이다.

다음으로 살펴볼 것은 본 논문의 구성체계이다.

제1장은 서론이고, 제2장은 타 언어의 어순 결정요인에 관한 기존의 연구를 살펴보고, 중국어에 있어서 적용되는 어순 결정 요인은 어떠한 보편원리에 의하여 그 순서가 결정되는가를 '통사론적 요인', '의미론적 요인', '인지화용론적 요인'을 중심으로 살펴본다.

제3장은 '어순변화와 정보'에 대하여 살펴보고자 하는데, 기능적 요인들이 중국어 어순에 어떠한 영향을 미치는가에 관한 것이다. 화행(speech act)을 적절히 하고 문장을 정확히 해석하기 위해서 문장 내에서 초점이 갖는 기능은 매우 중요하다. 본 논문에서의 어순변화의 취급 범위는 李臨定이 설정한 '기본적으로 실사가 같고, 기본의미가 같고, 경우에 따라서는 허사의 첨삭이 이루어지는 범위' 내로 제한한다.

제4장은 '어순변화와 초점'에 관한 것인데, '어순의 초점화'를 다룬다. 의도적 어순 재배치(scrambling)에 의한 '어순의 활용'으로서 '문두 위치 초점화'와 '비문두 위치 초점화'를 다룬다. 문두 위치 초점화에서는 '화제화'를 다루고, 비문두 위치 초점화에서는 '전치이동'과 '후치이동'에 대하여 탐색한다.

제 2 장

어순 결정의 기본 요인

　2장에서는 중국어에서 어순을 결정하는 기본 요인들은 어떠한 것들
이 있는가를 구체적인 예를 통해서 살펴보고, 어순을 결정하는 각 요
인은 어떠한 상관관계를 갖는가를 탐색해 본다. 어순 결정요인을 찾는
다는 것은 결국은 어순을 배열하는 데 있어서 작용하는 제약 사항을
파악하는 것이라고 할 수 있다.

　이미 오래 전부터 문장의 구성소는 자의적으로 배열되는 것이 아니
고, 어떤 보편적인 원리에 의하여 그 순서가 결정된다고 하는 전제하
에서 그 원리들을 찾아내고자 하는 시도가 계속되어 왔다. 지금까지는
주로 통사와 의미에 관련된 연구가 지배적이다. 여기서 살펴볼 것은
다른 언어에 있어서 어순 결정요인에 관한 기존의 견해이다. 우리는
어순 결정요인을 고찰해 봄으로써 공통 요인, 즉 어순의 보편성과 관
련된 내용과 중국어 어순을 결정짓는 요인을 추론해 볼 수 있는 실마
리를 얻을 수도 있다고 본다.
　Jespersen(1949.Ⅶ:53-59)은 일련의 말에서 낱말이 배열되는 순서의
결정에 보편적인 몇 가지 원칙이나 경향이 있음을 지적하고 있는데
아래와 같다.
　첫째, '현실성의 원칙(the principle of actuality)'으로 순간적으로 화
자의 마음에 가장 먼저 떠오르는 것이 먼저 표현되는 경향이 있다.
　두 번째, '수식어의 선행'으로 수식하는 말은 일반적으로 수식 받는
말 앞 쪽에 위치한다.
　세 번째, '응집의 원칙(the principle of cohesion)'13)으로 밀접하게
결합된 생각들은 가까이 놓이는 경향이 있다.

---

13) 이것은 모든 통사적 체계들은 의미상으로 가까운 낱말들 사이에 어떤
　　다른 요소가 끼어드는 것을 꺼려하는 경향이 있다는 것이다.

네 번째, '상대적인 무게의 원칙(the principle of relative weight)'으로 가벼운 요소가 중심에 가까이 위치하고 무거운 요소는 주변위치로 밀려난다.

다섯 번째, 강세와 리듬이 어순에 다소 영향을 미치는데 강세는 최우위의 생각이 흔히 강조되는 경우이다.

여섯 번째, 관습을 들고 있다.[14]

Firbas(1959, 1966)는 어순 결정요인으로 4가지를 제시하였다.

첫째, 문법적 요인으로 한 월에서 구성 성분들의 순서는 주어, 목적어, 서술어와 같은 문법적 기능, 둘째, 의미적 요인으로 행위자(agent), 대상자(goal), 동작(action) 등의 의미적 범주들의 순서, 셋째, 정서적 요인으로 특별한 감정적 표현을 위한 어순의 도치, 넷째, 통보기능량(CD)의 기본적 분포 요인으로 CD의 정도가 낮은 성분이 우선한다는 설명이다.[15]

Mathesius(1961:153)는 어순 결정요인을 다음과 같이 제시하였다.

첫째, 문법적 기능이다. 문장 구성에 있어서 단어의 위치는 주어, 서술어, 목적어와 같은 문법적 기능에 따라 결정된다. 문법적 기능이 어순에 미치는 영향력은 언어에 따라 달라서, 영어에서는 크지만 체코어에서는 크지 않다.

둘째, 리듬이다. 체코어에서는 옛 정보가 리듬에 있어서 가벼운 것이 된다. 이것은 영어에도 적용되는데, 예컨대 목적어가 실질명사인가 대명사인가에 따라 어순이 바뀌는 경우가 있다. 옛 정보만이 대명사로 대치될 수 있기 때문이다.

셋째, 화제이다. 화제는 정상적인 경우 문장 첫머리에 위치한다. 화

---

14) 김종보(1995:13)에서 재인용.

15) 蔡 琬(1979)에서 재인용.

제-평언의 순서로 배열되는 것은 객관적 어순(object order)이며, 그 반대로 된 것은 주관적 어순(subjective order)이다. 객관적 어순은 화자와 청자에게 이미 알려진 정보로부터 출발되므로 청자의 이해가 쉽도록 배열된 어순이며, 주관적 어순은 감정적 색채가 짙은 것으로 청자의 입장을 무시하고 화자에게 중요한 새 정보로부터 시작되는 어순이다.

넷째, 強調이다. 체코어에서는 정상적인 경우 강조되는 요소가 문장 끝이나 끝에서 두 번째에 위치하지만, 특별한 강조를 나타내기 위해서는 문두로 도출된다고 한다.[16]

Andersen(1983:66-79)은 영어에 해당되는 어순 결정요인들은 양상류의 표현(진술, 의문, 명령 등), 기본적인 통사기능 표현, 화제-평언의 순서 표현, 초점 표현, 구성요소의 무게, 도상성의 응집표현(expression of iconic cohesion) 그리고 대명사화를 들고 있다.[17]

어순을 지배하는 기능적 원리에 대해서는 Tomlin(1986)에 의해 정리되었는데, 그는 어순을 지배하는 세 가지 원리로서 첫째, 화제가 앞서는 원리, 둘째, 동사와 목적어의 밀착, 셋째, 有情物[18]이 앞서는 원리를 들었다. 세계의 많은 언어들의 어순 유형으로써 가장 빈도가 높은 것이 SOV와 SVO인 것은 동사-목적어 밀착 원리 때문이며, 의미론적으로 행동주인 주어는 유정물이 될 가능성이 크기 때문에 유정물 선행 원리가 성립한다는 것이다. Tomlin은 그 같은 결과가 나온 데 대한 설명, 즉 언어가 기본적으로 의사소통의 수단으로서 정보전달을 가장 효과적으로 수행하도록 조직되며, 개인의 談話 생산과 이해의 과

---

16) 蔡 琬(1986)에서 재인용.

17) 김종보(1995:14) 앞 논문.

18) 사람이나 동물을 가리키는 명사를 유정명사라 하고, 식물이나 무생물을 가리키는 명사를 무정명사라 한다.

정이 궁극적으로는 유형론적 특성으로 나타나게 된다는 것을 보여주고 있다.[19] 기존의 견해 중의 어순 결정요인을 도표로 정리해 보면 아래와 같다.

Jespersen(1949)	1. 현실성의 원칙 2. 수식어의 선행 3. 응집의 원칙 4. 상대적인 무게의 원칙 5. 강세와 리듬 6. 관습
Firbas(1959)	1. 문법적 요인 2. 의미적 요인 3. 정서적 요인 4. 통보기능량(CD)
Mathesius(1961)	1. 문법적 기능 2. 리듬 3. 화제
Andersen(1983)	1. 양상류의 표현(진술, 의문, 명령) 2. 기본적인 통사기능 표현 3. 화제–평언의 순서 표현 4. 초점표현 5. 구성요소의 무게 6. 도상성의 응집 표현 7. 대명사화
Tomlin(1986)	1. 화제 선행 원리 2. 동사와 목적어의 밀착 3. 유정물이 앞서는 원리

위의 어순 결정요인에 관한 학자들의 견해를 살펴보면 공통성을 찾아볼 수가 있는데, 통사론적, 의미론적, 인지화용론적 요인이다. 크게 나누면 통사적 요인과 기능적 요인이 두드러지는 것을 알 수 있다. 金承烈에 따르면, "일체의 어순제약은 근원적으로는 심리적인 것이지만, 그것이 특정 언어에서 특정 양식으로 통사 규칙화되었을 때, 그것은 그 언어의 통사적 어순제약이고, 통사적 제약은 어순의 고정을 지향한다."[20]고 했다.

다음으로는 중국어 어순 결정요인으로는 어떠한 것들이 있는가를 구체적으로 살펴보겠다.

---

19) 蔡琬(1990)에서 재인용.
20) 金承烈(1990)『國語語順研究』, 翰信文化社. 193쪽.

1. 중국어 어순 결정의 기본 요인

중국어의 기본어순에 대해서 과거에 사람들은 일찍이 여러 가지 형식, 예를 들면, SVO, SOV, OSV, SSV 등으로 서술하고, 그에 대한 연구 성과도 적지 않으나, 학자들 간 기본어순에 대한 견해는 달리 나타나고 있다. 중국어가 SVO인가 SOV인가라는 언어유형의 논쟁은 다년간 지속되었지만 쌍방은 의견의 일치를 보지 못하고 있다. 그리하여 언어유형학 연구에 종사하는 사람들은 점차 이러한 논쟁을 포기하고 연구의 중점을 전환하여 기능, 인지를 기초로 하는 원칙으로 중국어의 어순현상을 해석하려고 시도하였다. 沈家煊은 "인지에서 출발하여 문법을 연구하는 것은 사람의 인지 심리 특징을 이용하여 문법현상을 해석하거나 번잡한 문법현상 뒤에서 그들의 인지기초를 찾아내는 것"[21]이라고 하였다.

본 절에서는 중국어 문법 연구에서 어순의 지위와 중국어 어순 결정의 기본 요인들은 어떠한 것이 있는가를 살펴본다. 지금까지 중국어 어순을 결정하는 기본 요인(원칙)이 무엇인가에 대한 연구는 많이 진행되지 않았다. 중국어 어순 결정요인에 대해서는 戴浩一(1985), 廖秋忠(1992), 王占馥(1995), 鄭振賢(1995) 등이 언급한 적이 있지만, 戴浩一 외에는 단편적인 서술에 불과하고 체계적으로 깊이 있게 다룬 학자는 없다.

시간순서에 대해서 어순을 결정하는 하나의 요인으로 체계화시킨 학자는 戴浩一(1985)을 들 수 있다. 그는 '시간순서 원리(The principle of temporal sequence, 이하 PTS라 칭한다)'를 제기하였는데, 이

---

21) 從認知出發來研究語法就是用人的認知心理特點來解釋語法現象, 或從紛繁的語法現象背後挖掘出它們的認知基礎. 沈家煊, 「認知心理和語法硏究」, 呂叔湘 等著 馬慶株 編(1999) 『語法硏究入門』, 商務印書館, 229쪽.

요인이 중국어 어순의 가장 일반적 추세라고 주장하였다. 그는 "두 개 통사 단위의 상대 순서는 그들이 표시하는 개념영역 속의 상태의 시간 선후에 의하여 결정된다."[22]고 하였으며, 중국어 어순의 시간순서의 배열은 기본상 PTS와 시간범위 원리인 PTSC(The principle of temporal scope, 이하 PTSC라 칭한다)에 의하여 배열된다고 주장하였다.

廖秋忠(1992)은 시간선후의 원리는 아래 몇 가지 시간개념과 관련이 있다고 하였다. 1. 사건 발생의 전후 2. 참여 사건의 전후 3. 사람, 사물, 시간 출현의 순서 4. 도착 목적지의 전후 5. 사회적으로 약속된 서열이나 순서이다. 王占馥(1995)에서는 중국어 어순을 결정하는 요인으로 '중점', '사유 순서', '사건 순서', '시간 순서', '리듬', '인접 어사'를 들고 있다. 세 사람의 견해를 살펴보면 중국어 어순을 결정하는 요인으로 공통적으로 제기되는 것은 '시간'이란 것을 알 수 있다. 鄭振賢 (1995)에서는 분석을 통하여 어느 요소가 어순 구성에 영향을 미치는가를 설명하는데, 통사, 의미와 화용 각 요소가 어순 구성에 대해서 다른 작용과 영향이 있음을 제시했다.

어순 구성 원칙의 기초는 다양한데, 통사, 의미 이외에 어떤 것은 심리-인지적이고, 어떤 것은 사회-문화적이고, 어떤 것은 언어나 언어 환경적이라고 할 수 있다. 본 장에서는 중국어 어순을 결정하는 요인을 통사론적 요인, 의미론적 요인, 인지화용론적 요인으로 나누어 서술한다.

1) 통사론적 요인

高名凱·石安石(1963)은 "통사구조를 표현하는 주요 수단은 어순, 허사, 구조형태, 어조 등 몇 가지이다."[23]라고 하였다. 중국어는 문장

---

22) 兩個句法單位的相對順序決定於它們所表示的槪念世界裏的狀態的時間先後.

안에서 단어와 단어의 문법관계는 어순으로써 표현한다. 분석어는 종합어와 다른데 그것은 단어의 형태변화를 통한 것이 아니고 어순과 허사에 의하여 표현하는 것이다. 그리고 많은 상황하에서 어순은 허사의 도움을 받지 않고 독립적으로 문법관계를 표시한다. 중국어는 엄격한 의미의 형태변화가 결여되어 어순이 비교적 많은 문법기능을 담당한다. 인구어계의 언어(영어, 불어, 독어, 러시아어)는 문장 중 단어와 단어의 문법관계는 주로 단어의 형태로 표시하고, 어순은 비교적 자유롭다. 인구어는 품사와 문장의 대응관계는 비교적 가지런하나, 중국어는 문장성분과 품사는 엄격한 대응관계가 없고 비교적 유동적이다. 한국어의 경우에는 어순보다는 조사나 어미가 문법적인 표현기능을 많이 부담하고 있다.

어순이 중요한 문법수단이 된다는 것은 무엇을 의미하는가? 湯廷池(民國 66년:12)는 문법은 품사와 어순을 규정해야 할 뿐만 아니라 단어와 단어 간의 공기관계(coocurrence relation) 또는 선택관계(selection relation)를 규정해야 하기 때문에 중요하다고 했다.

문법은 작문을 하거나 의사소통을 할 때에 일정한 역할을 한다. 문법형식마다 특정한 문법의미를 표시할 수 있는데, 이것은 양자 사이에 대응관계가 있다는 것을 의미하는 것이다. 그러므로 중국어 어순이 중요한 문법수단이라고 할지라도 동시에 그것이 어떠한 형식을 사용하였으며 어떠한 문법의미를 표현하는가를 설명해야 한다. 위치가 문법형식이 되고, 통사관계는 상응하는 문법의미가 된다. 만약 위치마다 모종의 특정한 함의를 표현한다면 우리는 문법형식과 상응하는 문법의미를 찾을 수 있다고 본다. 어순은 문장 구조의 외부형식 특징이고 의미구조 관계의 제약을 받는다. 중국어에서 구와 문장의 구조원칙이 일치하

---

23) 表達句法結構的語法手段主要有詞序, 虛詞, 構形形態, 語調等幾種. 173쪽.

기 때문에 어순은 기본적으로 안정적이고 규칙이 있어 따를 수 있다.

언어마다 모두 스스로 계통을 이루는 통사 구조 규칙이 있는데, 이것은 어순 규칙을 결정하는 하나의 요소이다. 한 언어의 문법은 이 언어를 사용하는 민족의 사유형식과 긴밀한 연계 관계를 가지고 있다. 민족마다 모두 역사적으로 자기 언어의 현실을 반영하는 독특한 방식을 형성하였다. 문법은 이러한 방식의 구현이고, 그러므로 민족성과 불가 침투성을 갖추고 있는 것이다.[24]

중국어의 어순은 중요한 문법수단이고 그것은 비교적 고정적이고,[25] 어순의 고정성은 중국어 문법의 중요한 특징이라고 할 수 있다. 어순은 의미관계와 통사관계를 구별하는 중요 수단의 하나이다. 張世祿은 중국어의 특징에서 출발하여 어순에 의지하여 범주를 세우고 범주를 모으고 체계를 구성한다는 '어순론'을 제기하였고,[26] 광의의 형태에 의하여 문법을 연구하는데 이것은 보편성의 원리와 방법으로 말하는 것이라고 하였다. 그리고 어순에 의지하여 문법을 연구하는 것이 바로 중국 어문의 특수성에 적합한 것이라고 하였다.[27]

김민수(1971)에 따르면, 어순이라고 하는 요소 순위는 어느 언어든지 보편적이고 정상적인 규칙이 있는데, 이 순서는 전통적으로 굳어진 구문 규칙이며, 이 규칙은 사적으로도 좀처럼 바뀌지 않는 성질을 가진다고 볼 수 있다고 한다.

---

24) 申小龍(1984) 「漢語語言類型學的新探索 – 論主題句硏究的語言類型學意義」, 『複旦學報』, 第5期.

25) 중국어 어순이 '고정적' 혹은 '비교적 고정적'이라고 하는 것은 어순을 문법구조 범위 내에만 제한하는 것이고, 중국어의 어순이 '유동적'인 면이 있다고 하는 것은 이미 통사구조의 개념을 초월한 것이다.

26) 申小龍 「論張世祿語言哲學的民族性」(署名小丹), 『復旦學報』1986年第2期.

27) 曉龍(1986) 참조.

중국어에서 소위 어순 고정은 정상적인 상황하에서 중국어의 단어가 문장성분이 될 때 그것은 일정한 순서를 가지고 있다는 것이다. 정상적인 어순에서는, 주어는 앞에, 술어동사는 목적어 앞, 주어 뒤이고, 전치사의 목적어는 전치사 뒤이고, 관형어와 부사어는 그것이 수식하는 중심어 앞이고, 보어는 그것이 수식하는 중심어 뒤이다. 이 문법규칙은 고금 중국어가 공유하고 있는 특징이다. 기본어순에서 보면 고대중국어와 현대중국어의 차이는 그다지 크지 않다고 보는데 'SVO'형이라는 것이다. 그러나 학자들은 일찍이 고대중국어의 특징에 주의를 하였다. 가장 두드러지는 것은, 목적어 성분은 어떤 때는 특정 조건하에서 동사나 전치사 앞에 전치한다는 것이다. 그리고 조동사가 있다면 조동사 앞에 놓는데 특히 의문문과 부정문 가운데 대사 목적어가 이러하다. 현대중국어의 전치사구는 모두 전치사는 앞에, 목적어는 뒤에 놓인다. 이와 같이 중국어의 일반적 규칙에 부합하는 어순을 '문법적 어순'이라고 할 수 있다.

중국어는 문장성분을 주요성분(주어, 술어, 목적어)과 부가성분(관형어, 부사어, 보어)으로 나눈다. 문장성분 간에는 늘 동시에 두 가지 다른 성질의 관계, 즉 문법구조 관계와 의미구조 관계가 존재한다. 문법구조 관계는 바로 주술, 술목, 술보, 수식, 연합 등 구조관계를 가리키고, 의미관계는 동작과 동작자, 동작과 수동자, 동작과 공구, 동작과 처소, 사물과 성질, 사물과 재료 및 사물간의 소속관계 등을 가리킨다. 이러한 6가지 성분이 일정한 문법규칙에 의하여 문장을 이루고 엄격한 어순에 의하여 배열된다. 아래 예문을 보자.

(1) 他哥哥已經寫完那篇論文.
   그의 형(오빠)은 이미 그 논문을 다 썼다.

위의 예문에서 '哥哥'는 주어, '寫'는 술어이고 '論文'은 목적어이고 '他'와 '那篇'은 주어와 목적어의 관형어가 되고, '已經'은 술어 '寫'의 부사어이고, '完'은 '寫'의 보어이다. 문장을 분석할 때는 먼저 주요성분을 찾고, 후에 부가성분을 찾고, 끝으로 부가성분 간의 관계를 검사한다. 이렇게 하면 문장에 어떠한 문제가 있는가를 찾아낼 수가 있다.

중국어에서 몇 개의 성분이 함께 결합하는 것은 일정한 순서를 가지고 있고, 중국어 규칙에 의거하지 않고 성분을 조합하면 어순 오류가 된다. 그렇다고 해서 중국어의 어순이 조금의 유동성도 없는 것은 아니다. 예를 들면, '我不吃牛肉'은 '牛肉我不吃'나 '我牛肉不吃'라고 말할 수도 있다. 그러나 그렇게 되면 어순이 변하고 문중 단어의 위치와 작용이 변하고 문형도 변화가 생긴다. 비록 문의 의미는 대체로 같지만 약간의 변화가 발생한다. 이 점은 중국어 어순이 유동적이라 해도 일정한 제한이 있다는 것을 말하는 것이다. 어순변화에도 불구하고 의미 변화가 크게 일어나지 않는 것을 자유어순(FWO)이라 하며 한국어나 일본어와 같은 언어가 이에 해당하고, 어순변화에 의해 의미가 달라지는 것을 고정어순(RWO)이라고 하는데 영어나 중국어와 같은 언어가 이에 속한다.

형태 변화가 풍부하고 복잡할수록 어순은 자유롭고, 형태변화가 결여될수록 어순은 엄격하고 고정적이지만, 자유어순 언어라 하여 무조건 문의 구성이 자유로운 것은 아니다. 한국어는 격조사가 발달되어 있어서 어순에 있어서 자유롭다고 하지만 전혀 어순변화를 허용하지 않는 경우도 적지 않다. 예를 들어, 수식어의 어순(수식어-피수식어), 속격 구성(속격-명사), 관계절(관계절-표제명사), 주어와 주격보어의 어순 등은 고정어순으로서 정상적인 상황에서는 도치가 불가능하다. 아래 예문을 보자.

(2) 예쁜 꽃이 피었다.　　　* 꽃이 예쁜 피었다.
(3) 코끼리의 코가 길다.　　　* 코가 코끼리의 길다.
(4) 코가 긴 코끼리가 잡혔다.　* 코끼리가 코가 긴 잡혔다.
(5) 물이 얼음이 되었다.　　　* 얼음이 물이 되었다.

　권재일(1992)에 따르면 한국어는 문장성분들이 비교적 자유로운 어순을 가지며, 언어 유형론적으로 기본어순이 '주어+목적어+서술어' 언어로 분류되고 기본어순이 절대적으로 고정된 문장성분들의 위치라기보다는 상대적 어순을 말한다고 하였다. 조미정(1986)에서 주목할 만한 점은 일반적으로 한국어의 '자유어순' 쪽에 중점이 주어지는 경향에 대해, 그에 못지않게 '고정어순'도 분명한 한국어의 특성임을 강조한 점이라 하겠다.[28] 술어가 우측 끝에 고정될 때 주어, 목적어, 보어 등을 바꿀 수 있다는 것으로서 이는 자유어순 속에 고정된 어순이 있음을 말해 주는 것이다. 즉 중국어는 고정어순 속에 자유어순이 있다는 것이고, 한국어는 자유어순 속에 고정된 어순이 있다고 말할 수 있다.

　중국어에서 어순은 문법의미를 표현하는 중요한 수단이므로 하나의 문장에서 어떤 어사를 어떤 위치에 놓는가는 신경을 써야 한다. 만약 놓는 위치가 틀리면 문장은 자연스럽지 못하고, 심지어는 사람들이 무슨 의미인가를 완전히 이해할 수가 없게 되는데, 바로 이것이 어순오류(부적합한 어순) 때문이다. 현대중국어에서 흔히 일어나는 어순오류의 상황 몇 가지 예를 보도록 하겠다.[29]

---

28) 蔡琬(1990)참조. 김기혁(1995)에서도 한국어에는 고정어순과 자유어순의 두 어순을 가지고 있다고 서술하고 있다. 그는 고정어순을 상대적인 고정어순과 절대적인 고정어순으로 나누었는데, 상대적인 고정어순은 1. 동사가 문장의 끝에 온다. 2. 주어는 목적어의 앞에 온다는 것이고, 절대적인 고정어순은 3. 수식어는 피수식어의 앞에 온다. 4. 문법형태소인 어미, 조사는 어휘형태소의 뒤에 온다고 하였다.

첫째, 주어 위치 오류의 경우이다.

> (6)* 這片小樹林對我倆是非常熟悉的.
> →我倆對這片小樹林是非常熟悉的.
> 우리 두 사람은 이 숲에 대해 아주 익숙하다.

주어가 '我倆'이어야 하지만 그것이 전치사 '對'와 결합하여 전치사 구가 되어 부사어의 위치에 놓였다.

둘째, 술어 위치 오류의 경우이다.

> (7)* 吳大夫總是耐心地爲病人開藥, 打針, 診斷病情.
> →吳大夫總是耐心地爲病人診斷病情, 開藥, 打針.
> 닥터 오는 언제나 인내심 있게 환자를 위해 병세를 진단하고, 약을 처방하고, 주사를 놓는다.

술어 중심어는 모두 연동구로 구성되어 있지만 이 연동구의 내부 순서가 전도되었다. 이는 뒤에서 다룰 PTS를 숙지하고 있다면 간단히 해결이 되는 오류이다.

셋째, 관형어(다항 관형어) 위치 오류의 경우이다.[30)

> (8) *我切開了重三十斤的一個舅舅送來的西瓜.
> →我切開了舅舅送來的一個重三十斤的西瓜.

---

29) 李濟中(1996) 『漢語語法修辭』, 中國和平出版社, 128-131쪽 참조.

30) 관형어와 부사어의 오류에 관한, 李臨定과의 개인면담에 의하면 관형어의 오류가 부사어의 오류보다 많이 출현한다고 한다.

나는 외삼촌이 보내 준 무게가 30근이 되는 수박을 썰었다.

목적어 중심어 '西瓜' 앞에는 3개의 관형어가 있지만 이 3개의 관형어 어순이 혼란하여 의미 표현이 부적합하다. 중국어의 관형어는 徐建華(1996)에 따르면, 가장 많은 것이 3개이나 자주 볼 수 있는 것은 아니라고 한다. 이는 '정보량'의 문제와도 관련이 있다고 본다.

넷째, 부사어(다항 부사어) 위치 오류의 경우이다.

> (9)* 由於太忙, 他把自行車到現在沒有修好.
> →由於太忙, 他到現在沒有把自行車修好.
> 너무 바빠서 그는 지금까지 자전거를 수리하지 못했다.

일반적으로 전치사 '把'로 구성된 전치사구와 이와 관련된 술어는 최대한 가까이 붙어있어야 한다.

본 절에서는 흔히 일어나는 어순오류 중에서 다항 관형어 어순을 살펴보기로 한다. 중국어의 관형어는 늘 주어, 목적어 앞에 위치한다. 이것은 중국어 통사 구조 특징의 하나이다. 그러나 Greenburg(1963) 는 중국어가 전치사적 언어로 관형절이 명사에 선행하는 예외를 보여 준다고 하였다.[31] 관형절이 피수식 명사 앞에 오는 것은 SOV 언어의

---

31) 중국어에는 관형절 외에 實現敍述節(realis descriptive clause)이라는 것이 있어 주의를 요한다. 실현 서술절을 가진 연동구문은 새로운 지시대상을 담화 속으로 끌어들이고 그것에 대해서 어떤 정보를 덧붙이는 역할을 한다. 첫 번째 동사의 직접목적어는 항상 비한정이고, 둘째 절은이 비한정 직접목적어를 서술한다. 실현서술절은 그것이 수식하는 것이완전히 부수적이라는 의미를 전달하는 반면 관계절은 그러한 항목이 예정되어 있다는 의미를 전달한다.
他有一個妹妹很喜歡看電影.(실현서술절)
他有一個很喜歡看電影的妹妹.(관형절)

특징의 하나로 간주되고 있다. 언어는 관형어를 주어, 목적어 뒤에 놓는 상황이 비교적 많다. 중국어 관형어의 순서는 피수식어의 성분 앞에 있고, 다항 관형어가 한 성분을 수식할 때는 중국어의 특수한 어순이 된다. 劉月華(1984)의 『定語的分類和多項定語的順序』는 가장 깊이 있고 전면적이고 세밀한 연구라고 할 수 있다. 鐘志平(1995)은 다항 관형어의 순서 배열에 대하여 다음과 같이 말하고 있다.

첫째, 객관 사물의 발전적 과정에 의거하여 순서를 배열한다.
둘째, 관찰 과정이나 인식 과정의 선후로 순서를 배열한다.
셋째, 소속관계 조합(혹은 큰 것에서 작은 것, 혹은 작은 것에서 큰 것으로)에 의거한다.
넷째, 언어규칙 배열순서에 의거한다.[32]

중국어 관형어의 순서는 비교적 고정적인데 일반적인 순서는 중심어에서 먼 곳에서부터 보면, 소속을 표시하는 명사, 대사 혹은 구('誰的?'를 표시), 지시대사 수량구('多少?'), 주술구와 동사, 동사구('怎樣的?'), 형용사, 형용사구('甚麼樣的?'), 성질을 표시하는 명사('甚麼?')의 순서로 배열이 된다고 할 수 있다. 예문을 보도록 하자.

Li, Charles N. and Sandra A. Thompson (1981) Mandarin Chinese A : Functional Reference Grammar. University of California Press(黃宣範 譯(1983) 『漢語語法』, 文鶴出版有限公司 / 박정구 외 역(1989) 『표준한 어문법』, 한울아카데미), 516-517쪽. 이와 관련된 논문으로서는 '朴正九 (2000), 「有-NP-VP」, 『中國語文論叢』第19輯 참조.

32) 여기서 말하는 언어규칙은 언어의 계층성, 리듬, 습관적인 표현 등이다. 언어는 계층성을 가지고 있어서 언어를 분석하고 활용할 때는 그 계층성에 주의를 해야 하고, 마음대로 그것의 구조계층을 나누어서는 안 된다.

(10) 我們學校的兩位三十年教齡的優秀語文敎師也當上了代表.(黃伯榮·廖
序東, 1993)
우리 학교의 30년 교육경력을 가진 우수 어문교사 두 분도 대표가
되었다.

위의 예문에서 '我們學校'는 소속을 나타내고, '兩位'는 수량을 나타
내고, '三十年敎齡'은 상태를 나타내고, '優秀'는 질을 나타낸다. 관형어
는 중심어 앞에 있는 것이 일반적인 경우이고, 위치가 도치되면 의미
도 혼란스럽게 된다. 아래 예문을 보자.

(11)* 許多好的規章制度的建立, 使產品的質量迅速提高.

예문(11)은 동사를 강조하는 작용이 있을 때에만 동목구조를 수식
구조로 바꿀 수가 있고, 이럴 필요가 없으면 마음대로 동목구조를 수
식구조로 바꾸어서는 안 된다. 이 문장은 동사를 강조할 필요가 없으
므로 그 원래의 구조로 만들어서 '建立了許多好的規章制度'로 고치고
'使'를 빼야 한다. 다시 앞에서 다루었던 다항 관형어의 일반적인 순서
에 의하여 배열된 예문을 보도록 하자.

(12) [他的][一件][剛買來的][新][呢子]大衣突然不翼而飛了.
　　　 A　　 B　　 C　　 D E　 O

그러나 위의 예문(12)와는 다른 더 좋은 배열법이 있는데 현대중국
어의 습관에 부합한다.33) 이는 표현의 비문 여부를 판별하는 것도 중

요하지만, 표현이 중국인의 습관에 들어맞는 자연스러운 표현인가도
생각해 보아야 한다는 것이다.

(13) [他][剛買來的][一件][新][呢子]大衣突然不翼而飛了.
　　A　　C　　B　D　E　　O
　　그가 방금 산 한 벌의 새 나사외투가 홀연히 없어졌다.

　관형어의 경우 비교적 간단한 관형어는 비교적 복잡한 관형어의 뒤
에 둔다. 만약 비교적 간단한 관형어를 복잡한 관형어의 앞에 두면 구
조는 혼란스럽게 된다.[34) 아래 예문을 보자.

(14) * 李月英是優秀的一個全心全意爲農民服務的鄕村醫生.
(15) * 這是有效的治療高血壓的方法.
(16) * 許多各地來的參觀者, 在意見簿上留言表揚.

　예문(14)는 '李月英是一個全心全意爲農民服務的優秀的鄕村醫生'으로
바꾸어야 하고, 예문(15)은 '這是治療高血壓的有效的方法'으로 바꾸고,
예문(16)은 '各地來的許多參觀者……'라고 고쳐야 한다.
　중국어에서 통상 단문은 S-V-O의 격식이며 이것은 영어 문법과 서
로 같다. 그것은 어구의 구조관계와 의미관계를 표현한다. 예를 들면,
'我讀書' 이 문장은 문법상 'SVO'의 구조관계를 가지고 있고, 논리상

　　택했다. 우리는 여기서 중국어의 언어민족 풍격의 구현 문제를 생각해야
　　하는데, 그러한 문제를 간과하면 중국어의 격조가 아닌 것 같고 중국어
　　의 맛을 갖지 못하기 때문이다.
34) 이는 齊滬楊(1997)에서 언급한 것과도 같은데, 그는 수식구에서 형용사
　　연용의 순서를 언급할 때 음절이 많은 것은 음절이 적은 것 앞에 있다
　　고 했다. 예를 들면, '漂亮的小女孩'라고 해야지 '小的漂亮女孩'라고 말해
　　서는 안 된다는 것이다.

'施-動-受'의 의미관계를 가지고 있다. '我'는 주어가 되고 동작 '讀'의 행위자이고, '書'는 목적어가 되고 동작 '讀'의 대상자이다. 이러한 구조관계와 의미관계는 기타 조건을 제외하고 일정한 어순에 의지하여 표현한다. 현대중국어에서 가장 자주 보이는 통사구조 형식은 SVO이고 논리표현 형식에서 보면 일반적으로 施事는 앞에 있다. 현대중국어의 대다수 문장으로 말하자면 주어, 목적어가 같이 출현할 때 주어는 왕왕 施事이고, 목적어는 왕왕 受事이고 'A-V-O'의 격식[35]을 이룬다.

언어와 사유는 차이가 있다. 사유의 규칙은 논리이고, 언어의 규칙은 문법이다. 그러므로 논리와 언어도 차이가 있다. 이러한 차이로 인하여 어떤 말은 논리에는 맞지만 꼭 문법에 부합하는 것은 아니고, 그것과는 반대로 문법에 부합해도 꼭 논리에 부합하는 것은 아니다. 그러나 확실히 표면상으로 보면 이것과 상반되는 것, 서로 모순되는 것이 있어서 문법지식으로 설명되지 않는 것은 어떻게 풀어야 하는가의 문제가 있다. 아래 예문을 보도록 하자.

(17) 一根冰棒吃兩個小孩. (王希傑, 1987)
　　 아이스케끼 하나를 두 아이가 먹는다.
(18) 一塊蛋糕吃三個人. (王希傑, 1987)
　　 케이크 하나를 세 사람이 먹는다.
(19) 一支煙抽三個人. (王希傑, 1987)
　　 담배 하나를 세 사람이 핀다.

이러한 문장은 특수한데 청자는 'A-V-O'로 받아들이는 것이 아니라 'O-V-A'로 이해한다. 대상자가 동작이 미치는 직접 대상일 때 이러한 문장의 대상자와 행위자의 어순은 일반적으로 호환할 수 있다.[36]

---

35) 여기서의 A는 'Agent'이다.

문장은 동태적 사용단위이고, 그 어순은 구 어순의 기초 위에 다른 정황에 근거하여 왕왕 사상 감정의 변화나 수사의 필요에 따라 약간의 변화를 하는데 수동명사(受動名詞)와 시동명사(施動名詞)의 어순 변화는 그중의 일례이다. 그러나 이것은 문법 규칙의 보편성 원리에서 벗어나 문법 체계의 일반 타당성을 해치는 것은 아니라고 본다. 또 다른 예문을 보자.

(20) 十個人吃兩磅肉.
　　　10명이 2파운드의 고기를 먹는다.
　　　兩磅肉吃十個人. (趙元任, 1979: 번역본)
　　　2파운드의 고기를 10명이 먹는다.
(21) 我淋了雨.
　　　나는 비를 맞았다.
　　　雨淋了我.
　　　비가 나를 적셨다.

어떤 것은 언어 습관의 영향과 언어 내부 규칙의 제약을 받아 논리의 어순과 부합하지 않는 것도 있다. 다시 위의 예문 유형과 같은 예를

---

36) 중국어에는 '可逆句'라는 것이 있는데, 宋玉柱(1991)에서는 '可逆句'란 동사 전후의 명사나 명사 구조가 호환할 수 있고 표현하는 의미가 기본적으로 불변인 문형이고, 丁聲樹 등(1960)의 『漢語語法講話』에서는 어떤 동사는 양면성을 가지고 있는데 주어와 목적어는 호환할 수 있고 의미상 커다란 차이가 없다고 언급하고 있다. '可逆句'와 관련된 예문을 더 들어 보면 아래와 같다.
大地覆盖着白雪 (a)　　　眼眶流出淚水 (a)
↔ 白雪覆盖着大地 (b)　　　↔ 淚水流出眼眶 (b)
宋玉柱(1991)에서는 可逆句의 유형을 '供動型', '被動型', '從動型' 등으로 분류하고 있다. 영어의 몇몇 동사들도 주어와 목적어를 호환해도 의미상의 차이를 가져오지 않는데, encounter, marry, meet 등을 들 수 있다.

하나 들어 보자. 아래 예문을 보면 정상적인 사유 논리에 의하면 빛과
열을 내는 것은 태양(주체)이지 小王(객체)이 아니다. 사유의 특징은
개념, 판단, 추리를 이용하여 객관 세계의 규칙을 반영하는 것이다.

(22) 小王曬太陽.
　　　왕군이 해를 쪼이다.
(23) 太陽曬小王.
　　　해가 왕군을 쪼이다.

　위의 두 문장이 반영하는 사실은 같지만, 문법 위치는 오히려 반대
이다. (22)에서 '小王'은 주어이고, '太陽'은 목적어이고, (23)에서는
'太陽'이 주어이고, '小王'은 목적어이다. (23)이 사유 논리와 더욱 일
치하는 것 같지만 중국어의 습관에 의하면 중국인들에게는 '小王曬太
陽'이란 표현에 습관이 되어 있다. 그러나 절대적인 것은 아니고 언어
환경에 따라서는 (23)이 자연스러운 표현이 될 수도 있다. 어떤 문장
은 표면상에서 보면 동사와 목적어의 결합이 합당하지 않은 것 같지
만, 그것들도 습관적인 표현이므로 형식논리의 요구에 의해 분석할 수
없다. 다음 예문을 보자.

(24) 這一鍋飯能吃三十個人. (丁聲樹等, 1961)
　　　이 밥은 30명이 먹을 수 있다.
(25) 這一鍋飯吃不了三十個人.
　　　이 밥은 30명이 먹을 수가 없다.
(26) 這一鍋飯够三十個人吃.
　　　이 밥은 30명이 먹기에 충분하다.
(27) 這一鍋飯不够三十個人吃.
　　　이 밥은 30명이 먹기에 부족하다.

위의 문장 (24)(25)의 의미는 (26)(27)이고 '飯吃人'으로 이해하지는 않는다.

이 외에도 '三個人蓋一條被子', '一條被子蓋三個人'과 같은 예문을 들수 있다. 그리고 다음과 같은 예문들은 존현 목적어라는 개념을 가지고 설명할 수 있다.

(28) 張家死了一口猪. (邢公畹, 1992)
    장씨 집에 돼지 한 마리가 죽었다.
(29) 他跑了一條狗.
    그의 개 한 마리가 도망갔다.
(30) 我來了三張好牌.
    나는 좋은 패가 3장 들어왔다.

의미 논리상에서 보면, 위의 세 문장이 표시하는 내용은 '張家的一口猪死了', '他的一條狗跑了', '我的三張好牌(摸)來了'으로 설명할 수 있다.

본 절에서는 중국어 어순을 결정하는 데 '통사론적 요인'을 들어 '고정성'에 초점을 두었지만 우리는 중국어 어순이 기본적인 문법 구조 지식에 의해서만 배열되는 것이 아니라는 것을 보았다. 우리는 이러한 사실을 통하여 기본적인 문법구조의 지식과 아울러 언어환경에 따라 가장 중국인의 습관에 들어맞는, 즉 중국인의 사유에 부합하는 표현에 주의해야 할 필요가 있음을 보게 된다. 이는 달리 말하면 중국어 풍격을 찾는 작업을 말하는 것이다.

2) 의미론적 요인

張煉强(1998b)은 중국어 어순이 중국인의 인지 모델과 사유 모델의 구체적인 구현이라고 하고, 중국어 어순은 객관 사물 간의 논리 관계와 중국인 논리 관계의 주관 인식이 중국어에 반영된 것이라 주장했다.

문법학은 담화 규칙을 연구하는 것이고, 논리학은 사유규칙을 연구하는 것이지만 언어와 사유는 본래 밀접하여 나눌 수가 없다. 본 절에서 논의하는 것은 '논리적 어순'에 관한 것이다. 어순은 일정한 논리 사유를 반영하므로 논리 제약을 받기 마련이다. 예를 들어, '上街買書'의 어순은 이러한 유형에 속한다. 객관 현실은 먼저 '上街' 후에 '買書'이므로 '上街'는 앞에 '買書'는 뒤이다. 그러므로 어순을 '買書上街'로 고칠 수는 없다. 이것은 논리의 제약이자 PTS와도 관련이 있다. 중국어의 어순은 규약성이 있고,[37] 논리와 언어습관의 제약을 받는데 그렇다면 그것은 사람마다 따라야 하는 규칙이다. 그러나 이러한 규칙은 절대적인 것은 아니고 일정 범위와 정도상 어순은 선택성을 가질 수 있는 경우도 있다. 아래 예문의 경우에는 어순을 전후로 이동시켜도 무리 없이 통용되는 경우라고 볼 수 있다.

　(31) 哭不得, 笑不得. - 笑不得, 哭不得. (張文欽·陳愛文, 1982)
　　　 울 수도 없고, 웃을 수도 없다.
　(32) 惱不得, 急不得. - 急不得, 惱不得. (張文欽·陳愛文, 1982)
　　　 이러지도 못하고, 저러지도 못하다.

우리가 언어구조의 규칙을 연구하려면 논리사유를 떠날 수 없다. 張志公(1985)에 따르면 "중국어 어순은 규약성이 있는 것으로 논리 사유와 언어습관의 제약을 받는다."고 생각하였다. 呂叔湘(1986)은 "어순은 기본적으로 의식 과정을 반영한다."[38]라고 하였고, 吳爲章(1995)

---

37) "約定俗成"的意思是指某種事物的名稱和社會習慣是由廣大群衆通過長期實踐 而認定或形成的. 戴昭銘(2000)『漢語研究的新思維』, 黑龍工人民出版社, 231쪽.

은 어순 제약의 조건에 있어서 사람들이 가장 주의하기 쉬운 것은 의미제한이라고 하였다.

중국어는 풍부한 형태변화가 없고 주로 어순과 허사의 변화로 문장의 구조와 의미가 변화하고 사람들의 사유 활동을 구현한다. 이렇게 해서 중국어 문법과 논리의 관계가 더욱 밀접하게 된다. 어순은 일정한 문법구조 관계, 논리사유와 언어습관을 반영한다. 아래 예문을 보자.

(33) 人民總理愛人民. (陸善采, 1993)
   인민의 총리는 인민을 사랑한다.
(34) 人民愛人民總理. (陸善采, 1993)
   인민은 인민의 총리를 사랑한다.

이 두 문장의 어순은 다른데, 그 반영하는 문법구조, 의미의 결합과 논리사유는 다르다. 병렬 성분의 규칙적 배열법은 주로 두 가지가 있다. 자연순서 배열에 의한 것과 의미중점 배열에 의한 것이다. 언어의 병렬 구조는 그중의 각 성분을 임의로 배열할 수 있는 것이 아니고 일정한 논리순서를 준수해야 한다. 이러한 규칙은 각종 언어가 준수하는 것이고 중국어만이 그런 것은 아니다. 병렬 관계의 조합은 일반적으로 어순이 비교적 유동적이지만 그것은 마찬가지로 논리사유의 제약을 받는다. 예를 들면, 병렬구가 표현하는 것은 병렬의 개념이고, 이러한 개념이 반영하는 객관사물은 성질, 상태, 범위, 정도 등에서 왕왕 輕重, 主次, 高低, 强弱, 大小 등 차이가 있다.[39]

---

38) 句子裏邊的語序基本上反映思想的過程. 呂叔湘(1986) 「主謂謂語句擧醜」 『中國語文』第5期.

39) 이것은 두드러진 쪽을 그렇지 않은 쪽보다 먼저 지각하는 성향을 이야기한다.

사람들이 객관 사물에 대한 인식 활동의 규칙도 병렬 성분의 어순을 제약한다. 객관 사물 및 그 운동 간의 고유한 논리관계는 병렬 성분의 어순을 제약하고 있다. 다음 예문을 보자.

(35) 社會實踐中的發生, 發展和消滅的過程是無窮的. (毛澤東『實踐論』)
사회 실천 중의 발생, 발전과 소멸의 과정은 무궁하다.

(36) 應用馬克思主義的方法去觀察問題, 提出問題, 分析問題和解決問題, 我們所辦的事才能辦好. (毛澤東『反對黨八股』)
마르크스 주의의 방법을 응용하여 문제를 관찰하며, 제기하고, 분석하고 해결하면, 우리가 하는 일은 잘 할 수 있다.

예문(35)의 '發生, 發展和消滅'은 객관 사물 운동의 전 과정을 반영하고 있고, 그 어순은 임의로 변경할 수 없다. 예문(36)의 '觀察問題'로부터 '解決問題'까는 정확하게 사람들이 객관 사물에 대한 인식 순서를 반영하는데 그 어순은 마음대로 바꿀 수 없다. 이는 PTS로도 설명할 수 있다. 다음으로 사람이나 사물 간의 상하 관계, 전체와 부분의 관계가 병렬 성분의 어순을 제약하는 경우를 보도록 하자.

(37) 採取這些措施, 才能充分發揮中央部門, 地方, 企業和勞動者個人四方面的積極性, 主動性, 創造性. (李子雲, 1994)
이러한 조치를 취하여야 중앙부서, 지방 기업과 노동자 개인 4개 방면의 적극성, 능동성, 창조성을 발휘할 수 있다.

'中央部分'에서 '地方', '企業' 및 '勞動者個人'까지 이러한 어순 구성은 정확하게 사물 간의 서열관계를 반영하였는데 일반적으로 그 어순을 변경할 수는 없다. 단어가 표시하는 사물 간의 고유한 논리사유 관계의 제약 때문에 병렬식 다항 관형어의 위치는 반드시 일정한 배치에 의한다. 이것은 말하자면 병렬 관형어의 위치는 결코 절대적으로 자유로운 것이 아니고 일정한 순서가 있다는 것이다. 단어가 표시하는 자연계와 사회생활 중의 사물은 피차간 일정한 논리연계, 사유관계가 있다. 사람들의 사물에 대한 인식도 병렬구 중에 반영되어 직접 그 각 개의 구성 부분의 어순에 영향을 준다. 예를 들어 보자.

(38) 這本好書能令人深思, 促人猛省, 催上進取 (張志公, 1985)
　　　이 좋은 책은 사람들로 하여금 깊이 생각하게 하고, 갑자기 깨우치
　　　게 하고, 진취적이게 재촉하였다.
(39) 省政府, 縣政府和鄕政府都寫信來, 向他祝賀. (張志公, 1985)
　　　성정부, 현정부와 향정부는 모두 편지를 써서 그에게 축하를 했다.

　예문(38)에서 '令人深思, 促人猛省, 催上進取'는 3개의 겸어구가 병 렬되어 만들어진 것이고 그것의 배열 순서는 '好書'의 작용에 대해 서 술이 점점 깊어진다. 예문 (39)에서 '省政府, 縣政府和鄕政府'가 표현 하는 개념은 이들 조직의 등급 고저의 순서에 의하여 배열한 것이다. 만일 '鄕政府, 省政府和縣政府'로 바꾼다면 이러한 배열은 의미 변화는 없지만 이러한 어순은 논리 사유상 조리성이 결여되어 있다. 그리고 단문이 직접 조합한 복문은 각 부문의 배열 순서에서 일정한 논리 사 유를 반영하는데 아래와 같은 예이다.

(40) 我把電話打通了, 她感激地謝了我, 回頭就走. (冰心『小桔燈』)
　　　나는 전화통화를 했고, 그녀는 감격하여 나에게 감사를 하고 고개를
　　　돌려 가 버렸다.
(41) 起風了, 快把窗子關好. (張志公, 1985)
　　　바람이 부니 빨리 창문을 잘 닫아라.
(42) 任務今天不能完成, 咱們明天再接着幹. (張志公, 1985)
　　　임무를 오늘 완성할 수 없으면, 우리 내일 계속해서 하자.

48

예문 (40)은 선후 순서에 의하여 몇 가지 연속된 동작을 서술한 것 인데 그중의 임의의 하나의 위치를 바꾸면 전체 문장은 논리 사유에 맞지 않는다. 예문 (41)의 두 개의 절 사이에는 인과관계가 있는데 앞의 절, '起風'은 원인이고, 뒤의 절 '快把窗子關好'는 결과이다. 예문 (42)의 두 개의 절 사이는 가설관계가 있는데, 앞의 절 '任務今天不能完成'은 가설적 상황이고, 뒤의 절 '咱們明天再接着幹'은 이러한 상황 하에 발생하는 결과이다. 이 두 문장은 관련사를 사용하지 않고, 절간의 논리관계는 오직 어순에 의해서만 표시할 수 있다. 만약 절의 어순을 바꾸면 문장의 의미는 다르게 된다.

어순이 다르면 어떤 때는 중의[40]가 생길 수 도 있다. 아래 예문을 보자.

(43) *全國"三八紅旗手", "模範軍醫"呂士才的愛人潘榮文給少先隊員們介紹 呂士才同志生前的模範事蹟. (張志公, 1985)

이 문장의 주어 중 '全國"三八紅旗手"'는 '潘榮文'을 가리키고, '模範軍醫'는 '呂士才'를 가리키는 것이다. 이 두 가지 구는 병렬되어 '呂士才'의 앞에 놓았기 때문에 동시에 '呂士才'와 복지관계를 발생할 가능성도 있고, 중의가 생길 수도 있다. 만약 이 두 구의 어순을 조정하여

---

40) 重義(歧義)는 모종의 언어현상이 특정한 언어상황 가운데서 실제로 그 것에 대한 해석이 하나의 해석에 그치지 않는 것을 말하고, 화용론 연구의 대상에 속한다. 중의는 언어 수행상에서 의미 전달의 불명확성으로 인하여 장애를 가져오기도 하지만 적절히 구사하여 특수한 효과를 얻기도 한다. 중국어에서는 어순을 변환하는 방법을 활용하여 중의를 해소할 수도 있다. 즉 중국어에서는 어순에 의한 문형 변환이 있어서 중의를 해소하지만 자유어순 언어에 속하는 한국어에 비해서는 제어장치가 약하다고 할 수 있다.

'模範軍醫'呂士才的愛人, 全國'三八紅旗手'潘榮文······'으로 바꾸면 중의가 발생할 리 없다.[41] 직접 조합 중 어순은 일정한 의미 결합 관계를 반영하고 일정한 논리 사유의 제약을 받음을 볼 수 있다. 어순은 상대적으로 말하자면 비교적 유동적인 병렬관계의 조합일지라도 논리 사유 문제가 있어서 임의로 바꿀 수가 없다.

어떤 수식어의 어순 구성은 일정한 언어습관과 논리관계에 의하여 결정된다. 중국어의 수식어는 일률적으로 피수식어의 성분 앞에 있는 것이 자연순서에 맞고 논리에 맞는데, 일반적으로 문언, 구어는 모두 이러한 규칙을 준수한다. 중국어 관형어의 순서도 하나의 문제, 즉 관형어 배치의 순서와 논리순서가 일치해야 하는데 다항 관형어의 순서는 도대체 어떻게 확정을 하여야 하는가의 문제는 줄곧 난제로 여겨지고 있다.

다항 관형어의 어순 배열은 문법과 논리가 교차하는 문제이다. 학계에서 비교적 통용되는 것은 단어, 구의 유형에 근거하여 순서를 배열하는 것이다.[42] 명사 앞에 몇 개의 첨가된 관형어가 있을 때 배열순서는 일정한 유동성이 있다. 우리는 다항 관형어의 순서를 확정할 때 주로 의미면에서 고려해야 하고, 이 원칙에 따라 먼저 논리 사유에 부합하는가를 고려해야 한다. 다항 관형어의 배열 순서는 비교적 복잡하고도 중요하다. 일반적으로 말해서 그 순서는 늘 엄격하게 논리관계에 의거하여 배열을 하는데 중심어와 관계가 밀접한 것은 중심어에 가까이 있게 된다. 예문을 보자.

---

41) 중의를 해소하는 방법으로는 어휘 측면에서는 同義語로의 대치, 구조 측면에서는 揷入과 어순의 변환, 언어 형식의 바꿈으로 인한 해소의 방법이 있고, 화용 측면에서는 언어환경에 의한 중의 해소 등을 들 수 있다. 이에 관해서는 졸고(1997)를 참조.

42) 이것에 대해서는 黃伯榮·廖序東(1993), 李子雲(1994)가 언급한 바 있다.

50

(44) 這塊恐龍化石是[我們中國的][一件][有五十萬年歷史的][珍貴][史前]文物
     A   B   C   D E   O
     이 공룡화석은 우리 중국의 50만 년 역사를 지닌 하나의 진귀한 선
     사시대의 문물이다.

위의 예문에서 C의 위치는 비교적 유동적이고 어떤 때는 C와 D의
위치는 합하여 하나가 될 수 있고, 어떤 때 C는 B의 앞에 놓을 수 있
다. 가장 유동적인 것은 수량구[43]이다. 명사 앞에 몇 개의 첨가된 관
형어가 있을 때 배열순서는 일정한 유동성이 있다.

(45) 我認識的一位紡織廠的年輕的工人 (鐘志平, 1995)
     我認識的紡織廠的一位年輕的工人
     一位我認識的紡織廠的年輕的工人
     紡織廠的我認識的一位年輕的工人
     一位年輕的紡織廠的我認識的工人
     年輕的我認識的紡織廠的一位工人

다항 관형어는 만일 순서배열이 부적합하면 중의와 오해를 낳을 수
있다. 수량구를 쓸 때는 뒤의 두 개의 명사와 수식관계가 있어서는 안

---

43) 수량구의 유동성은 다음과 같은 경우에도 나타나는데, 만약 수동명사가
    수량구 수식을 받을 때는 수량사구를 남겨 목적어가 되게 하고, 오직 受
    動者(중심어와 기타 수식어를 포함)만 전치한다. 예를 들면, '我賣了一筐
    蘋果', '蘋果我賣了一筐', '我把蘋果賣了一筐'이다. 만약 수식어와 중심어가
    소속관계나 전체와 국부의 관계일 때는 그것의 수식성분만 전치할 수 있
    고 受動名詞(그것의 기타 수식어 포함)를 뒤에 둔다. 예를 들면, '獵人打
    斷了狼的一條腿', '獵人把狼打斷了一條腿', '狼被獵人打斷了一條腿'이다.
    중의를 일으키지 않는 상황하에서 다항관형어 중 수량관형어의 위치는
    유동적이다. 예를 들면, '數得淸的幾顆小桃'라고 할 수도 있고 '幾顆數得
    淸的小桃'라고 할 수도 있다. 다항관형어의 순서에 대해서는 黃伯榮・廖
    序東『現代漢語』(수정본) 下册 389-390쪽 참조.

된다. 다항 관형어에서 쉽게 출현할 수 있는 논리 착오는 주로 '의미 모순'과 '의미혼동' 두 가지로 나눌 수 있다. 이 두 가지 착오는 중국어 학습자들의 독해, 작문, 문 구성, 어사 확대 중에 출현할 뿐만 아니라 언어 실현 과정에서도 늘 출현한다. 먼저 의미모순의 경우를 보자.

(46) *1976年, 西安首次展出了二千一百多年前新出土的陶俑.
(47) *那位18歲的老華僑的女兒終於在舊金山見到了自己的親人.

예문(46)에서 '二千一百多年前'과 '新出土' 두 개의 개념은 서로 모순된다. 그러므로 원래 문장은 '1976年, 西安首次展出了新出土的二千一百多年前的陶俑'이다. 예문(47)은 두 개의 논리 착오가 있다. 하나는 '老華僑'인데 절대로 겨우 18세일 리는 없다. 둘째는 만일 이 화교가 겨우 18살이라면 일반적인 상황하에서 女兒가 있을 수 없다. 그러므로 원 문장은 '那位老華僑18歲的女兒終於在舊金山見到了自己的親人'이라고 고쳐야 한다. 다음은 의미혼동의 경우를 보자.

(48) 幾個朋友送的罐頭整整齊齊地擺在牀頭櫃上.
몇 명의 친구가 보내 준 통조림은 가지런히 침상머리 찬장에 놓여 있다.
친구가 보내 준 몇 개의 통조림은 가지런히 침상머리 찬장에 놓여 있다.
(49) 有人特別喜歡吃那兩個高級廚師親手燒的菜.
어떤 사람은 그 두 고급 요리사가 친히 만든 요리를 특히 좋아한다.
어떤 사람은 그 고급 요리사가 친히 만든 두 요리를 특히 좋아한다.
(50) 昨天下午我同幾個外院的女學生聊天.
어제 오후에 나는 몇 명의 외국어 대학 여학생들과 한담을 나눴다.
어제 오후에 나는 외국어 대학의 몇몇 여학생들과 한담을 나눴다.

예문 (48)에서 '幾個'는 결국 '朋友'를 수식하는지 '罐頭'를 수식하는 것인지 불명확하다. 예문(49)에서 '兩個'는 '高級廚師'를 수식하는 것인지 '菜'를 수식하는 것인지 불명확하다. 예문 (50)은 '幾個外院的女學生'은 두 가지 해석 '幾個/外院的女學生', '幾個外院的/女學生'을 가질 수 있다. 이는 앞에서도 언급했듯이 '중의 어순'에 관련된 문제이며, 어순을 달리함으로써 중의를 해소할 수 있다. 다항 관형어는 비교적 복잡한 수식구조이고, 그것은 문법과 논리의 이중요소를 포함하고 있다. 어순의 변환은 어떤 것은 논리 추리와 논증을 언급하는데, 추리와 논증은 두 개 이상의 어구에 의존하고 두 개 어구의 조합과 어순 문제를 언급한다.

화용 각도에서 보면 문법학은 논리학의 기초이다. 논리학은 화용 방면의 심화로서 언어 표현으로 하여금 문법규칙에 맞게 할 뿐만 아니라, 더욱이 사유규칙에 부합하게 하여 정확하게 감정과 의미전달의 목적에 이르게 한다. 화자는 언어의 기본 모형을 활용하여 어떤 정보를 전달하고, 청자는 그 자신이 구비하고 있는 언어지식, 비언어 지식(배경지식, 백과지식 등 포함) 및 논리사유 등의 수단을 통하여 그가 얻은 정보에 대하여 유추, 이해하고 판단한다. 그러므로 의사소통 효과를 낼 수 있는 통사 조합은 문법의 제약을 받을 뿐만이 아니라 논리의 제약을 받는다고 할 수 있다.

3) 인지화용론적 요인

공간과 시간은 두 개의 가장 기본적 인지범주이고, 언어에서 공간과 시간을 표시하는 단어는 가장 기본적 어휘에 속한다. 일의 발생에는 물론 동시적인 것도 있지만 선후가 있기 마련이다. '시간순서'에 의한 어순 결정은 여러 학자들이 인정한 결정요인 중의 하나이다. 본 절에서는 戴浩一이 제기한 '시간순서 원칙(PTS)'을 들어 중점적으로 다루는데, 이는 '심리적 어순'에 관한 것이라고도 할 수 있다.

Greenberg(1966)에 따르면, 대량의 유형학 증거에서 출발하여 언어성분의 순서와 물리 경험 중의 순서 혹은 사물의 인식에 대한 순서는 평행이라고 명확히 제기하였고, Givon(1990)은 그것을 선형순서원칙(線性次序原則, the linear order principle)이라고 하였고, 긴밀히 결합한 담화에서 절의 순서는 그것들이 묘사하는 사건이 출현하는 시간순서와 서로 대응하는 경향이 있다(張敏 1998:159)라고 정의하였다. 徐通鏘은 문법형의 인구어계 언어와 의미형의 중국어는 어구 구조상 중요 차이는 전자는 '形'을 중시하고 후자는 '序'를 중시한다고 하였다. '形'의 특징은 단어의 형식변화이고, 단어와 단어 간의 형식상의 배합규칙, 예를 들면 일치관계, 지배관계를 연구하는 것이고, '序'는 사유의 순서가 기초가 된다고 하였다. 戴浩一은 어순과 사유의 흐름은 완전히 자연스럽게 잘 맞는 것이라고 하였고, '序'의 실질은 사유의 흐름에 근거하여 통사단위의 순서를 구성하고 어형 변화와는 어떠한 연계도 없다[44]고 주장하였다. 戴浩一은 PTS가 인지 내용을 가지고 연결하는 통사원칙이라고 하였다.

劉澤民(1996)에 따르면, "시간관은 문화에서 아주 중요한 내용이고, 그것은 직접적으로 사람들의 지식, 신앙, 법률, 풍속 등 여러 방면과 문화의 다른 면을 언급하고 있다."[45]라고 주장한다.

시간 순서의 관념은 인간의 인지 구조 중 가장 중요하고 가장 근본

---

44) 徐通鏘「語義句法芻議－語言的結構基礎和語法研究的方法論初探」, 『80年代與90年代中國現代漢語語法研究』, 北京語言學院出版社, 1992, 162쪽.

45) 時間觀也是文化中很重要的內容, 它直接涉及人們的知識, 信仰, 法律, 風俗等諸方面和文化的不同層面.

54

적인 관념의 하나이며 사물의 발전 변화는 모두 과정이 있다. 이 과정 중에는 시간 연속의 순서를 포함하고 있다. 그러므로 말을 하거나 문장을 쓰든지 간에 발화는 시간의 흐름 속에서 생산되고 처리되기 때문에 어순 구성은 사물 발전 변화의 시간 연속 순서의 제약과 영향을 받지 않을 수가 없다. 중국어에서 대량의 動結 복합식도 PTS를 따른다. 즉 동작은 앞에, 결과는 뒤이다. 예를 들면, 打-破, 聽-懂, 看-見과 같은 것이다. 沈家煊에 따르면, 영어에서는 중국어에서처럼 그렇게 일관되게 PTS를 준수하지는 않는다[46]고 한다. 한국어의 경우에도 동사의 병렬에는 시간적 선후와 반대의 어순이 되는 경우가 있다.[47]

중국어에서 시간명사는 시간 개념을 표시하는 명사를 가리키는 것이고, 일반적으로 시간개념을 표시하는 명사구를 포함한다. 시간을 표시하는 단어는 두 가지로 분류할 수 있는데 '時點詞'와 '時段詞'이다.[48] 먼저 시점과 시단의 두 가지 개념을 명확히 해야 하는데, 중국어에서 시점과 시단을 표시하는 어사는 문장에서의 위치가 다르기 때

---

46) 沈家煊, 「認知心理和語法研究」, 呂叔湘 等 著 馬慶株 編(1999) 『語法研究入門』, 商務印書館, 229쪽.

47) 蔡琬(1986)에서는 다음과 같은 예문을 들고 있다.
   알아보다('본 후에 무엇인지 알다') / 알아듣다('들은 후에 무엇인지 알다'), 世祖는 조카를 죽이고 왕이 되었다(실제로는 왕이 된 후에 조카를 죽였다), 문 닫고 들어와('들어온 후에 문을 닫아라')
   중국어의 경우에 '走過去關上門'은 '가서 문 닫아라'의 의미이고, '關上門走過去'는 '문 닫고 가라'의 의미이다.

48) 時間詞有兩種, 一種表示甚麼時候如 "一九五四年, 昨天, 星期六下午", 說的是時間的位置, 時間的早晚, 這是 "時點". 一種表示多少時候, 如 "五年, 三天, 兩個鐘頭", 說的是時間的長短, 時間的久暫, 這是 "時段". 丁聲樹等(1961) 『現代漢語語法講話』, 商務印書館, 70-71쪽.
   朱德熙(1982)에서는 '一會兒, 半天, 兩個鐘頭, 兩個月, 三年'이 표시하는 것을 '時段'이라는 용어 대신 '時量'이라는 용어를 사용하고 있는데 '時量'은 시간의 장단이다.

문이다. 하나는 언제인가를 표시하는데 '一九九七年, 今天, 星期一, 三
點鐘, 下午, 昨天晚上, '五四'時期, 去年, 現在, 剛才'와 같이 전치사 '在,
到, 等到, 從' 뒤에 둘 수 있고 전치사의 목적어가 되는 것인데, 시간
의 위치, 시간의 이르고 늦음이다. 하나는 긴 시간을 표시하는데 '十
年, 一個晚上, 兩分鐘, 三個小時, 一整天'과 같은 단어인데, 이는 「동사
+(了)」의 뒤에 놓을 수 있으며, 동사의 목적어나 보어가 된다. 이러한
유의 단어는 시간의 양을 나타내는데 時段詞라고 할 수 있다. 時點을
표시하는 단어는 時段을 표시하는 단어 앞에 있다. 다음 예문을 보자.

(51) 我們今年兩個月碰一次頭 (劉月華, 1983)
　　　우리들은 금년에 2개월에 한 번 만났다.

　중국어에서 동사 앞에 위치하는 시간사는 일반적으로 한 시점을 의
미하며, 동사 뒤에 위치하는 시간사는 지속되는 시간을 의미한다. 다
음 예문을 보자.

(52) 他病了五天了.
　　　그는 5일 동안 아팠다.
　　　*他五天病了.
　　　*五天他病了.

　'他病了' 상태의 기점이 '五天'에 앞서고, 문장의 요지는 '他'가 병을
얻은 이래 아주 오래 되었다는 것이다. 시점사는 일반적으로 동사 앞
에 쓰여 주어가 되고 사건 발생 시간을 표시한다. 시점을 표시하는 단
어는 주어, 목적어가 될 수 있다. 모두 일이 발생한 시간을 가리키는
것이다. 시단사는 일반적으로 동사 뒤에서 동작의 지속시간을 표시한

다.[49] 시단을 표시하는 단어는 주어, 목적어가 될 수 있다. 한국어의 경우에는 시점과 시단은 모두 부사어로 표현된다. 시점과 시단은 다른 시간 개념을 표시한다. 아래 예문은 시점과 시단이 함께 출현하는 문장이다. 1989년, 1992년은 '時點'이고, '從1989年到1992年'은 '時段'이고, '三年'은 時量이다.

> (53) 從1989年到1992年度三年的時間已經經過了. (詹人鳳, 1997)
>   1989년에서 1992년도 3년간의 시간이 이미 지났다.

방위구도 시간을 표시할 수 있는데, '前'과 '後'는 시간사의 전후에 놓을 수 있다. 아래 예문에서 '前幾天'은 담화 시점이 참조점이 되고, 과거 일단의 시간을 표시하고 時段에 속하는데, 바로 '幾天前'이 時點을 표시하는 것과 서로 대립한다.

> (54) 這封信幾天前就收到了, 我們前幾天有比賽所以沒有抽出時間及時給你回信.(李向豊, 1997)
>   이 편지는 며칠 전 받았는데, 우리는 며칠 동안 시합이 있어서 즉시 당신에게 답장을 할 시간이 없었다.

위의 예문(54)에서 '幾天前'은 '며칠 전'이고, 뒤의 '前幾天'은 '며칠 동안'으로 풀이할 수 있다. 그러나 '前幾天'은 한국어의 경우에는 꼭 '며칠 동안'으로만 풀이할 수 있는 것은 아니다. 다음 예문을 보자.[50]

---

49) 동사선행 시간사는 시점을 나타내고, 동사후행 시간사는 지속시간을 가리킨다. '他三天沒來'와 같이 중국어에서 '沒'(과거부정)은 시점을 나타내고, 결코 지속시간을 나타내지 않는다. 긍정문만이 지속시간을 나타낼 수 있다.

50) 이 예문은 동아일보 2000. 12. 15 사설 중의 일부이고, 중국어 예문은 2000. 12. 16 중문판이다.

(55) 그런데 엊그제 교육부 및 서울시 공무원들은 태극기를 들고 거리로
몰려 나가야 했다. 그것도 근무시간 중이었다.
然而, 前幾天敎育部和漢城市的公務員被迫拿着國旗聚集在街道上, 而且
是在工作時間.

위의 예문에서는 '엊그제'를 '前幾天'으로 번역하고 있다. 여기서의
'엊그제'는 '며칠 동안'보다는 '며칠 전'으로 풀이하는 것이 옳다. '幾天
前'은 '며칠 전'으로만 풀이되지만, '前幾天'은 '며칠 전'과 '며칠 동안'
으로 해석될 수 있음이 다르다.

객관 사물과 현상의 발생, 발전은 모두 일정한 순서를 가지고 있어
서 언어는 객관 현실을 반영하는 것이고 먼저 무엇을 말하고 뒤에 무
엇을 말하는가도 일정한 순서가 있고 임의적인 것이 아니다. 선후가
있는 사물과 현상은 자연히 그 순서를 분명히 해야 한다. 만약 시간과
순서를 고려하지 않는다면 말을 하는 것이 전후의 순서가 없음은 물
론 산만하고 혼란스럽게 된다. 시간은 사물 존재 방식의 하나이다. 어
떠한 사물도 모두 일정한 시간에 존재하고, 어떠한 사건도 모두 일정
시간 내에 발생한다. 중국어의 많은 통사현상은 일관되게 PTS를 지
지하는데 중국어의 병렬 복합문, 연동 구조, 결과보어 구조 등등이다.
아래 예문과 같은 것이다.

(56) 你給他錢, 他才給你書. (張敏, 1998)
당신이 그에게 돈을 주어야 그가 당신에게 책을 줄 것이다.
(57) 張三上樓, 睡覺. (張敏, 1998)
장삼은 이층으로 올라가서 잠을 잔다.
(58) 我們開會, 解決問題. (張敏, 1998)
우리는 개회를 하고 문제를 해결한다.

58

(59) 他打死了一只蒼蠅. (張敏, 1998)
    그는 파리 한 마리를 때려 죽였다.
(60) 他從舊金山坐長途公共汽車經過芝加哥到紐約. (張敏, 1998)
    그는 샌프란시스코에서 장거리 버스를 타고 시카고를 거쳐 뉴욕에
    도착했다.

戴浩一(1985)은 또 PTSC를 제기하였는데, 어떤 시간 어사를 포함
하는 현상은 PTSC 각도에서 고찰하는 것이 PTS 각도에서 보다 더
욱 좋은 설명을 얻을 수 있다는 것이다. PTSC는 만일 통사단위 X가
표시하는 개념 상태가 통사단위 Y가 표시하는 개념 상태의 시간범위
가운데 있다면 어순은 YX로 표기할 수 있다는 것이다. 이러한 현상
은 예문(61)과 (62)와 같이 그것은 중국어에서 주소나 시간을 보도하
는 순서이다. 아래 예문을 보자.

(61) 美國, 伊利諾伊州, 卡本代爾市, 大學路, 800戶.
(62) 1980年, 12月, 12日, 上午, 10點.

이것은 한국어의 경우에도 마찬가지이지만 영어의 경우에는 다르다.
예를 들면, 영어를 모국어로 하는 화자에게서는 '我1986年9月10日開始
學習漢語'와 같은 문장은 '我9月10日1986年開始學習漢語'와 같은 비문
이 나올 수 있음도 예측할 수 있다. 중국어의 시간부사와 시간부사어
는 문장에서 결코 동사 뒤에 출현하지 않는데, 戴浩一(1985)에서는 아
래와 같은 예문을 들고 있다.

(63) a. 他昨天來了.
       그는 어제 왔다.
    b. *他來了昨天.

(64) a. 他來的時候, 我在看書.

그가 왔을 때 나는 책을 보고 있었다.

b. ?我在看書, 他來的時候.

戴浩一의 해석에 의하면 '昨天', '他來的時候'는 일 발생의 시간범위를 한정하였으므로 일 '來'와 '我在看書' 앞에 배열하는 것이라는 것이다. 그러나 이러한 원칙은 아래 예문과 같은 반예(counter example)를 들 수가 있다.

(65) a. 他出生在解放前. (袁毓林, 1994)

그는 해방 전에 태어났다.

b. 他死於戰亂年代. (袁毓林, 1994)

그는 전란시대에 죽었다.

시간격과 처소격이 동일한 문장에 출현할 때의 일반적 경향은 시간격이 처소격에 우선하지만 예외도 있다. 이는 언어 상황이 어느 것을 화제초점으로 설정하느냐에 따라 다르다. 한국어의 경우에도 시간부사어와 처소부사어는 위치이동이 자유롭다고 이야기할 수 있지만 그 전후의 비율에 있어서는 차이를 보이고 있다.[51] 시간순서는 중국어 어순 구성에서 중요한 의미를 갖는다. 언어를 활용할 때 먼저 무엇을 말하고, 나중에 무엇을 말하는가는 임의적이 아니다. 아래 예문을 보자.

(66) * 他堅決改正了錯誤, 並且虛心接受了意見. (張靜, 1985)

他虛心接受了意見, 並且堅決改正了錯誤.

그는 겸허하게 의견을 받아들였고 결연히 잘못을 고쳤다.

---

51) 金昌浩(1983)에 따르면 시간부사어와 장소부사어가 자유롭게 이동될 수 있지만 자료수집에서 나타난 비율은 시간부사어가 선행하는 경우가 70%, 장소부사어가 선행하는 경우가 30%로 나타났다.

예문(66)의 비문은 객관 사실을 위배하여 전후 순서가 적합하지 못하다. 왜냐하면 실제 상황은 먼저 의견을 접수하고 후에 착오를 고쳐야 하기 때문이다. 연관 복문의 절도 모두 전후 발생한 동작이나 성질 상황을 서술하는 것이다. 이러한 동작이나 성질 상황은 어떤 것은 필연적인 연계가 없고, 먼저 어느 것을 말하고 후에 어느 것을 말하는가는 실제 정황을 봐야 한다. 예를 들어, '他吃完了飯看報紙去了'는 '他看完了報紙, 吃飯去了'로 할 수도 있다.

어떤 것은 필연적인 연계가 있어 먼저 어느 것을 말하고, 후에 어느 것을 말하는가는 아주 엄격하다. 예를 들면, '他打了一盆水, 洗了洗臉'은 전후 발생한 두 가지 동작으로 보아서 일반적으로 '他洗了洗臉, 打了一盆水'라고 말할 수는 없다. 그리고 俞咏梅(1999)는 현대중국어에서 시동문(施動句) 어순은 PTS 제약을 받지만 PTS는 각종 다른 문형에서 보편 제약 작용을 가지고 있는 것은 아니라고 하며 다음과 같은 예문을 들고 있다.

(67) NP+處所+VP　　= NP+ VP+處所　　= 處所+VP+NP
　　 畵在墙上掛着.　　= 畵掛在墙上　　 = 墙上掛着畵.
　　 病人在牀上躺着.　= 病人躺在牀上　 = 牀上躺着病人.

시동문은 관념 구조에서 시간이 축이 되는 문장이다. 그러므로 시동문 어순은 PTS 제약을 받는다. 그리고 상태문은 일종의 공간 묘사문(空間描寫句)이고 시간이 축이 되지 않는다. 공간 상태의 각 참여자(處所, NP)는 시간 중 본래 전후의 구분이 없지만, 語句는 선형 구조이고 문장성분은 필히 전후가 있다. 사용 빈도로 보면 '處所+VP+NP'의 어순, 즉 존현문 문형은 중국어 상태문의 '자연어순'이다.

중국어 어순 중의 PTS와 '특이어순'에 의해 두드러지게 하는 원칙간의 상호작용은 아직 더 많은 연구가 필요하다. 인지 해석과 기능 해석을 결합하면 문법 이론의 해석 역량을 증강시킬 수 있고, 더욱이 문법 구조와 사람의 경험구조와 의사소통 기능 간의 자연 연계를 설명할 수 있다. 아래 예문을 보자.

(68) a. 我病了, 沒去開會. (袁毓林, 1994)
　　　 나는 병이 나서 회의하러 가지 못했다.
　　 b. 我, 沒去開會, 因爲我病了.
　　　 내가 회의하러 가지 않은 것은 병이 났기 때문이다.
(69) a. 他天天念書, 以便考上大學. (袁毓林, 1994)
　　　 그는 날마다 책을 읽는데, 대학에 합격하기 위해서이다.
　　 b. 爲了考上大學, 他天天念書.
　　　 대학에 합격하기 위하여 그는 날마다 책을 읽는다.

　예문(68a)(69a)는 PTS를 따른 것이고, 먼저 원인을 이야기하고 뒤에 결과를 이야기한다. 예문(68b)(69b)는 강조하기 위하여 결과를 원인 앞에 둔다. 戴浩一은 예문(69a)는 자연 어순을 사용한 것이고, 동작은 앞에, 목적은 뒤이고 PTS에 부합한다고 하였으나 필자의 견해로는 마음속에 먼저 목적이 있고 나서 동작이 뒤따른다고 본다. 그러므로 (69b)도 PTS에 부합한다고 볼 수 있다.

　인과문은 일반적으로 원인은 앞에, 결과는 뒤가 자연 순서에 합당하다. 어떤 때 도치되면 그것은 결과를 강조하는 것이고, 원인은 일종의 보충 서술이 되는 것이고 의미상 일반적 인과문과 완전히 같은 것은 아니다. 申小龍(1988)에 따르면, 중국인의 언어 논리에서 先因後果는 順態이다. 그리고 先果後因도 설명, 논증의 기능을 가지고 있어서 '문제제기-문제해석'의 각도에서 보면 '先果後因'은 여전히 順態라고 한다. 인지 원칙과 기능 원칙을 결합한 해석은 비교적 융통성이 있고 주도면밀하다고도 할 수 있다. 또 다른 예문을 보도록 하자.

(70) 她一手提着竹籃, 內中有一個破碗, 空的. (魯迅『祝福』)
그녀는 손에 대나무 바구니를 들고 있는데, 안에는 깨진 그릇이 있
는데, 빈 것이다.

위의 예문은 먼저 대나무 바구니에 깨진 그릇이 있는 것을 보고, 다
시 분명히 '空的(빈 것)'을 보는 것이다. '空的'는 뒤에 발견한 것이므
로 바로 뒤이어 말하는 것이다. 만약 일반 어순으로 고치면, '她一手提
着竹籃, 內中有一個空的破碗'이 되어 이러한 관찰 과정을 세밀하게 표
현해 낼 수 없다. 그러나 문제가 없는 것은 아니다. 만약 우리가 여기
서 '공간지각'의 문제를 제기한다면(예를 들어, 건물 위에서 응시를 한
경우라면) '空的破碗'이 적합한 표현이라고 이야기할 수도 있다.

인지 해석은 대다수 연구자 개인의 직관력에서 나오고, 사람에 따라
보는 각도가 다르다. 어떠한 어순이 자연스러운지는 사람의 개념 구조
에 부합하는 것이고, 이는 논란이 있을 수 있다. 사실상 PTS가 두 절
사이의 어순은 비교적 큰 해석력을 갖지만 구 사이의 어순에 대해서
는 해석력이 낮다. 戴浩一은 아래와 같은 예문이 PTS를 위반하였지
만 그것들은 모두 문법에 맞고 받아들일 수 있는 것이라고 하였는데,
이에 대해서 필자는 PTS를 위반하지는 않았고, '用鋼筆'의 동작이 '抄
字'에 앞서고, '用鉛筆'의 동작이 '做題'에 앞서는 것이 일반적인 순서
라고도 본다.

(71) a. 他用鋼筆抄字, 用鉛筆做題. (袁毓林, 1994)
그는 펜으로 글씨를 쓰고, 연필로 연습문제를 한다.

b. 他抄字用鋼筆, 做題用鉛筆.

그는 글씨 쓰는 것은 펜으로 하고, 연습문제를 하는 것은 연필을 쓴다.

戴에 근거하게 되면, 아래 예문(72a)에서 '高興'은 동작 '玩'에 앞서 발생하는 것이고, (72b)의 예문에서는 '高興'은 동작 '玩'의 결과라는 것을 제시하고 있다.

(72) a. 他很高興地玩. (湯廷池, 民國77年)

그는 아주 재미있게 논다.

b. 他玩得很高興.

그는 아주 재미있게 논다.

戴의 연구는 몇몇 관심 있는 중국어의 통사현상을 이야기하였지만, 중국어에는 여전히 'PTS'로 원만한 해석을 할 수 없는 것이 있다. 중국어에서 PTS도 고찰해 보면 그에 부합하지 않는 예를 찾을 수 있을 것이 지만 중국어에서 PTS가 어순을 결정하는 일반적인 요소로 작용하는 것은 분명하다. 이는 사건이 발생한 순서대로 언급하는 보편적 어순 책략인 PTS가 정보의 처리와 저장을 얼마나 더 용이하게 하는가에 따라 이를 즐겨 쓰게 되기 때문이다. 본 논문에서 다룬 예문(중국어 문장과 한국어 문장 대조)에 근거해 살펴보면, 한국어의 경우에도 예외가 있기는 하지만 일반적으로 PTS를 준수하는 언어라고 볼 수 있다.

지금까지 중국어 어순을 결정하는 요인 – '통사론적 요인', '의미론적 요인', '인지화용론적 요인' 등에 대해서 살펴보았는데, 이는 문법적, 논리적, 심리적 어순의 측면에서 다룬 것이다. 물론 중국어에서 어순 결정의 기본 요인이 이것이 전부라고는 할 수 없다. 언어는 규약성을 가지고 있으므로, 언어 표현상 조합한 어순이 문법과 논리 사유에 맞는가에 주의를 해야 하고, 언어습관에 맞는가에도 주의를 해야 한다. 결론적으로, 중국어 어순 결정의 기본 요인은 앞에서 살펴본 바와 같이 어느 한 요인에 의하여 좌우된다기보다 여러 가지 요인들이 상호 작용하여 이루어지는 복합적인 것이라고 볼 수 있다.

과거의 문법 분석은 단지 통사관계와 의미의 설명에만 주의를 하였다. 화용론의 발전에 따라 사람들은 언어 연구에 대해서 이미 정태로부터 점차 동태로 돌려 언어 연구의 범위를 넓히고 있다. 이는 언어 원리나 이론은 다소 실용적인 면으로 응용하는 것이 필요하다는 것을 말해 주는 것이며 3장, 4장을 서술하는 근거가 된다. 어순을 연구하려면 화자와 청자가 상호 작용함으로써 의사소통을 가능하게 하는 화용 규칙과 이 상호 작용을 가능하게 하는 언어 표현을 만드는 통사, 의미, 화용, 음운 규칙을 함께 다루어야 한다. 2장이 어순에 관한 정적인 연구라면, 3장과 4장은 어순에 관한 동적인 연구 측면이 강하다고 할 수 있다.

제3장에서는 중국어 '어순변화와 정보'에 대해서 살펴보고자 하는데, 문장은 담화를 통한 정보의 효율적인 전달과 관계하는 IS도 가지고 있다. 어순의 활용에 있어서는 화자나 작자의 심리적인 의도, 즉 '담화 전략(discourse strategies; DS)'이 강하게 작용하여, 이 IS와 문장의 형태와 구조에도 체계적으로 반영되기 때문이다. 이는 어순 연구에 대한 기능적 접근 방법이라고 할 수 있다.

제 3 장

어순변화와 정보

 정보구조(information structure, 이하 IS라 칭함)에 대한 연구는 문법과 담화의 상호작용에 관한 연구이다. 어순은 일종의 문법수단이고, 중국어는 특히 어순을 중시한다. 여기서 말하는 것은 문법수단의 어순뿐만이 아니라 담화상의 어순 구성 순서도 가리킨다. 언어학에서 문장을 담화구성과 정보전달이라는 언어의 중요한 기능과 관련지어 보고 이러한 관점에서 문장의 구조를 분석해 보려는 시도는 19세기 중엽부터 시작되었다.

 우리가 사용하는 언어는 각 문장 사이에 연계성을 가지고 있어서 문장 단위를 넘어선 담화를 분석 대상으로 하여 고찰할 필요가 있다. 정보는 단일 단어나 구성성분에 의해 전달되는 것이 아니고 명제에 의해 전달되므로 문장 이상의 언어 단위를 고찰의 주요 대상으로 하고, 담화에 있어서 중국어 어순의 IS를 통한 어순결정을 살펴보아야 한다.

 박근우(1992:14)에 따르면, 언어란 추상적 심리적 저장물일 뿐만 아니라 의미 전달에 사용되는 수단이라는 점, 그리고 모든 문은 고립해서 존재하는 것이 아니라, 문보다 더 큰 단위인 담화 속의 유기적 상호관계의 영향이나 언어 외적 요인에 의해서 그 형태와 짜임이 결정되기 때문이라고 주장한다.

 언어를 대화의 수단으로 간주할 때 언어 구조만의 연구로는 언어 연구가 바르게 진행될 수 없다는 것은 주지의 사실이다. 언어를 파악하는 시각은 '문법성(grammaticality)'만이 아니라, '용인성(acceptability)', '적절성(adequacy)', '효용성(efficiency)'의 측면에서 바라볼 수 있다. 이는 어순 연구에도 동일하게 적용된다. 본 장에서는 문맥을 벗어난 단일문 어순을 다루는 것에 그치는 것이 아니라, 정보전달의 적절성과 효용성을 탐색하고, 어순변화와 정보에 있어서 어떠한 요인이 작용하는가를 고찰하는 데 있다.

1. 어순과 정보전달

언어의 의사소통 과정은 정보의 부호화, 발송, 전달, 접수와 해독의 과정이다.[52] 언어는 인류의 가장 중요한 의사소통(communication) 도구이며, 언어의 기본적인 기능은 의미 전달, 즉 정보를 전달하는 것이다. 문장은 문법에서 도출된 형식을 갖춘 단위를 가리키는 이론적인 용어이고, 발화는 의사소통에서 문장의 사용가치에 의해 특징지어지는 담화의 단위이다. 문장으로부터 담화로의 전이는 문장에 대한 지식을 효율적인 의사소통에 적용시킬 수 있도록 해주는 필연적인 과정이다.

지금까지의 연구는 언어학의 관심 분야인 언어능력(Linguistic Competence, 이하 LC라 칭한다)과 심리학의 관심 분야인 언어수행(Linguistic Performance, 이하 LP라 칭한다)으로 대별할 수 있다. 그러나 언어의 기본적인 의사소통은 사실상 Saussure에서 Bloomfield, Chomsky에 이르기까지 현대 구조언어학의 물줄기 속에서 그다지 중시를 받지 못했다.

전통적 언어 교육은 비교적 언어 지식의 전수, 언어 구조의 분석과 듣고 말하고, 읽고 쓰는 데에만 중점을 두었고, 언어의 의사소통 기능을 소홀히 하였다. 기능적 연구에서는 언어가 사회적 상호작용의 도구이고 그 주된 기능이 의사소통임에 주목한다. 의사소통을 한다는 것은 곧 상대방의 주의를 끈다는 것을 전제로 한다. 따라서 여기에서는 의사소통 능력(Communicative Competence, 이하 CC라 칭한다)이 중요시되고 언어 사용에 대한 연구인 화용론이 언어 체계의 연구 범위 내에 설정되며 의미론, 통사론에 우선한다. CC는 대체로 Chomsky의

---

52) 語言的交際過程, 就是信息的編碼, 發送, 傳遞, 接收和譯碼的過程. 范繼淹 (1999)「語言的信息」,『中國語文』, 第2期.

LC를 주요한 부분으로 인정하지만, 의사소통 상황에 적합한 문장을 만들어 내는 데는 LP에 대한 연구가 절대적으로 필요하다.

사람들은 아무런 이유 없이 말을 하거나 글을 쓰지 않는다. 담화는 대뇌의 지배하에서 나오는 것으로 의사소통 쌍방의 동기, 목적, 심리 상태 등의 심리요소가 언어 의사소통 계통 중의 주관 요소 계층을 구성한다. 의사소통 목적은 언어행위 및 그 담화 형식을 지배하고 있다. 언어행위는 일종의 의식적인 사회행위이고, 일정한 목적을 실현하기 위하여 진행하는 것이라고 할 수 있다. 의사소통 활동은 하나의 심리 활동이며, 쌍방은 충분히 상대방의 심리 요소를 고려해야만 한다. 왜 냐하면 의사소통 쌍방의 심리요소는 의사소통에 대한 질과 효과에 대해 극히 중요한 제약 작용을 가지고 있기 때문이다.[53]

우리는 여기서 먼저 의사소통이 어떠한 요소로 이루어지는가를 살펴보도록 한다. 王希傑(1996:27)에서는 Jakobson이 제기한 의사소통 이론은 의사소통 활동이 6가지 성분으로 구성된다고 소개하고 있다.

C. 언어환경
D. 정　보
A. 화　자 ———————————— B. 청　자
E. 접　촉
F. 부호화

언어의 본래 목적은 원활한 의사소통에 있다. 화자는 청자에게 어떤 정보를 전달하고, 자신의 감정이나 태도를 표현하고, 청자의 행동이나 태도에 어떤 영향을 주고, 청자와 사회적 관계를 유지하기 위한 목적 등으로 언어를 사용한다.

---

53) 王希傑(1996) 『修辭學通論』, 南京大學出版社, 154쪽.

언어 기능, 즉 의사소통 기능에 관한 연구는 언어습득이론과 외국어 교수 방법론에 대한 관심이 높아지면서 활발해졌다. 의사소통 기능이란 모든 언어에 내재된 보편적인 개념이고, 의사소통 기능을 강조할 필요가 있는 것은 그것이 바로 의사소통의 목적이 되기 때문이다. 대화자는 목적이나 의도 없이 대화에 참여하지 않는다. 대화란 반드시 목적이 수반되기 마련이다. 의사소통의 목적은 가능한 한 가장 효율적인 정보처리를 기하고자 하는데, 어순 구성 역시 '효용성'을 고려한다.

화자의 의도를 찾아내는 일은 인지[54]와 상호작용이 갖는 특징이다. 우리는 모두 화자이자 청자이고, 화자로서 사건이나 사유의 어떤 상태를 전달하려는 우리의 의도를 청자가 인식하기를 의도한다. 청자로서 우리는 화자가 우리에게 알리고자 의도하는 바가 무엇인지를 인식하려고 한다.[55] 이는 다시 말하면, 화자가 의미하는 바를 청자가 추론할 때 성공적으로 달성되는 것이다. 의사소통적 의도는 화자가 그 제보적 의도를 갖고 있다는 것을 화자와 청자 사이에 상호 나타나게 하려는 의도이다. 즉 의사소통 행위는 화자의 제보적 의도가 인식되기 전에 최소한 하나의 특징적 효과를 거두는 데 있다. 즉 명시적으로 청자의 주의를 끄는 것이다.

의사소통은 대부분 청자 내지 독자의 지식을 고려하고, 표현에 있어서 의도적으로 이루어지기 마련이다. 그러므로 언어를 연구하는 데 있어서 의사소통이라는 언어이론을 간과할 수가 없는 것이다. 錢冠連(1997:

---

54) 최근 인지적 관점에서 언어를 연구하려는 새로운 접근 방식, 곧 인지언어학이 등장하였다. 이 접근방식에서는 언어의 구조가 인간의 개념적 지식, 신체적 경험, 담화의 의사소통 기능 등과 관련되어 있으며 그러한 요인들에 의해서 동기되어 있다고 본다.(Gibbs 1966: 27 참조) 임지룡(1977:19)에서 재인용.

55) 이것은 부호화와 해독의 과정, 즉 encoding과 decoding의 상호 관계이다.

164-178)에 따르면, 사람들은 말을 할 때에 알게 모르게 일정한 전략과 적합한 대책을 취하는데, 이것은 모두 의사소통의 총체적인 목표를 실현하기 위한 것이고, 의사소통은 실제로 전략을 귀납한 활용이라고 했다. 그는 담화는 의도를 따르고 화용전략도 의도를 따르고, 전략이 합당하면 의사소통이 성공하고 전략이 부적합하면 의사소통이 실패한다고 주장하였다.

D.Sperber D.Wilson(번역본, 35쪽)은 그라이스가 지니는 탁월한 독창성은 인간의 의사소통에 의도의 인식이 포함된다는 점을 제안하는 데 있지 않다. 이미 지적한 바와 같이 그 정도는 상식에 속한다. 그의 독창성은 의사소통이 의도의 인식만으로도 충분하다는 점을 지적한 데 있다. 즉 화자의 의도를 인식할 수 있는 방법이 있는 한 의사소통은 가능하다는 것이다. 의도를 인식하려는 것은 인간의 일상적인 인지적 노력이라고 주장한다. D.Sperber D.Wilson(번역본, 92쪽)에 따르면, 어느 경우에나 대부분 인간의 의사소통은 의도적이고, 그렇게 의도적인 데는 충분한 두 가지 이유가 있다고 했다. 첫째 이유는 그라이스가 제안한 것으로서, 사람들은 제보적 의도에 대한 직접적 증거를 생산함으로써 기본적 정보 자체에 대한 직접적 증거의 생산보다 훨씬 더 넓은 범위의 정보를 전달할 수 있다는 것이다. 두 번째 의사소통하는 이유로 사람들은 서로 공유하고 있는 상호 인지환경을 수정하고 확장하려 하기 때문이라고 주장한다.

그러나 의사소통은 계획적으로만, 의식적으로만 일어나는 것은 아니라고 본다. 의사소통이 계획적으로, 의도적으로 이루어지지 않는 경우는 긴급하거나 급박한 상황, 성이 났을 때, 자기감정을 제어하지 못할 때이다. 그리고 청자가 귀 기울여 듣는 상황이 아닐 때는 의사소통은 성공적으로 이루어질 수 없을 것이다.

정보전달에 있어서 의사소통을 하려면 기호와 맥락을 선택하는 데 있어서 화자와 청자 사이에 어느 정도의 협동이 요구된다. 격률(maxim)과 그 격률이 일으키는 추론 때문에 중의적인 문장을 발화해도 비중의적인 사고내용이 전달 가능하다. 의사소통을 연구하는 데는 개념적 인지능력이 우리의 관심사가 되고, 어순 구성에도 반영이 된다.

우리는 정확한 문장을 표현할 수 있는 능력뿐만 아니라 그것을 실제 상황에서 유효적절하게 사용할 수 있는 능력을 필요로 하는데, 이것이 곧 CC이다. 화자가 청자에게 정보를 전달하는 것이 주목적인 경우에는 언어 표현의 기본 의미를 정확하고 분명하게 표현하는 것이 중요하다. 실제 의사소통의 과정에서 담화의 의미는 종종 표현과 이해의 두 가지 문제를 언급하게 된다.

다시 서론에서 제기했던 문제로 돌아가 보자. 담화의 표현에서 보면 통사규칙과 의미결합 규칙에 부합하기만 하면 된다. 그러나 의미 이해의 각도에서 말하자면 단어의 의미와 단어 사이의 구조관계가 부여하는 의미를 고려하는 것 외에 필히 화용 요소를 고려해야 한다. 문법연구 중의 화용 평면은 문장에 대해서 화용 분석을 하는 것이다. 예를 들어, 왜 같은 의미구조가 다른 통사구조를 사용하고, 같은 의미를 다른 형식을 사용해서 표현하는 것인가의 문제는 어순에 있어서 만약 화용을 연구하지 않는다면 이 문제를 설명할 방법이 없다. 예문을 들어보자.

(1) 我讀過三國志了.
　　나는 삼국지를 읽었다.
(2) 三國志我讀過了.
　　삼국지는 나는 읽었다.

72

화제가 되는 것은 구정보를 표시하고 강조하는 것이다. 이는 서두 효과, 즉 문두에 제시됨으로써 강한 인상을 남기는 효과를 볼 수가 있다는 것이다. 예문(1)은 구정보 '我'를 강조하는 것이고, 예문(2)는 구정보 '三國志'를 강조하는 것이다. 그리고 문미초점(end focus)[56]에 의하여 본다면 (1)에서 강조하는 것은 '三國志'이고, (2)에서 강조하는 것은 '讀過'이다. 비록 두 문장은 의미구조가 같지만, 표현상에서 보면 같은 것이 아니다. 이것은 文煉·胡附(1984)가 문두의 受事는 구정보의 중점이고, 문미의 중점은 신정보의 강조점이라고 한 것과 일치한다고 본다.

정보전달은 하나의 언어형식을 구성하는 단순한 문제가 아니라, 화자의 의도와 담화 환경에 의해 결정이 되는 것이고 그 표현은 아주 복잡하다. 여기에는 효과적인 정보전달을 위한 '심리적 요인'이 반영되어 있다. 정보전달 과정에서 통상 문장을 기본 정보 단위로 한다. 문장 IS 분석은 전달하는 각 정보가 문장에서 어떻게 하나의 전체적인 것을 구성하는가를 분석하는 것이다. 그리고 그것은 화용 연구의 중요한 구성부분일 뿐만 아니라 문법분석과도 밀접한 관계를 가지고 있다.

우리는 중국어 문장을 이해하고, 말하고, 읽고, 쓰는 방법도 배워야 하지만 의사소통의 취지에 맞게 문장이 어떻게 사용되고 어떻게 적절히 언어환경에 맞게 표현할 수 있는가에도 주의를 해야 한다.[57] 이는

---

56) 문미 초점 격률은 Leech(1983:64)가 화자와 청자가 일반적으로 지켜야 할 4가지 화용원리 가운데 하나인 정보처리 가능성 원리(the processibility principle)의 하위 규칙으로 설정한 것이다. 중국인의 경우에도 사건을 표현하거나 이해할 때 늘 주의력이나 표현중심(초점)을 사건의 결과에 놓는다. 그러므로 중국어의 문장도 초점이 문장의 문미에 처하는 추세다. 陳妹金(1996)도 중국어는 일종의 화제어이고 중국어 문장의 표현 중심은 정보 초점이 언제나 문장 후미에 떨어진다고 하였다.

57) Hymes(1972)는 언어사용에 대한 적절한 이론이 발전되려면 의사소통과 문화에 관한 이론과 통합을 주장하며 다음의 관점에서 파악해야 한다고

어순 배열이 문맥과도 관련이 있다는 것이다.

정리하면, 한 언어를 안다는 것은 하나의 체계로서 언어의 형식적 특성에 대한 지식, 즉 LC의 문제일 뿐만 아니라 이 체계가 실제 사회적 상황에서 어떻게 사용될 수 있는가에 대한 지식, 즉 CC의 문제까지도 포괄해야 한다. 사람들이 언어를 사용하는 것은 의사소통의 수요에서 나오는 것이고 정보전달 기능의 각도에서 어순을 배열하는데 이점은 여러 언어 간에 공통적인 것이라고 볼 수 있다.

다음은 중국어 어순변화의 원인은 무엇이고, 그에 따르는 제약은 무엇인가에 대해 살펴본다.

2. 어순변화와 제약

중국어의 어순변화는 아주 복잡하고 다양한데, 전면적으로 연구하면 중국어 문법의 구조 특징을 더욱 잘 드러낼 수 있을 것이다. 여기서 다루는 것은 중국어 어순변화[58]의 원인과 제약이다.

주장하고 있다. 첫째, 어떤 것이 형식상 측면에서 가능한지의 여부문제와 그 정도 둘째, 어떤 것이 실행될 수 있는지의 여부 셋째, 어떤 것이 적절한지의 여부 문제 넷째, 어떤 것이 실제로 사용되는지의 여부 문제이다. 이상의 관점은 결국 한마디로 이야기하자면 언어 사용의 '적절성'과 관련된 문제라고 본다. 이에 관해서는 본 장 3.3.1에서 다시 다룬다.

58) 본 논문에서 사용하는 '어순변화'라는 용어는 중국어 어순에 있어서 '도치', '변환', '역위', '재배치' 등을 포함하는 것으로 간주한다. '變換'이란 단어는 'transformation'의 번역어이다. 이에 대해 내린 고전적인 정의는 변환은 문장의 문법형식이 변화하는 것이고 문장의 의미가 변화하는 것이 아니라는 것이다. 서방 언어학계에서 그것은 적어도 3종류의 다른 함의를 가지고 있는데 문장변환, 문형변환, 구조변환이다. 변환관계의 근본

중국어 어순은 비교적 고정적이라고 말할 수 있지만, 다른 한편으로는 문을 완화시키고 다양하게 하는 수단이 되는, 다소 폭넓은 유동성을 가지고 있다고 하겠다. 전자에 대해서 잘 알지 못하면 정확하게 언어를 활용하여 의사소통을 진행할 수 없고, 후자에 대해서 이해하지 못하면 어순이 합리적인 문장을 비문으로 오판할 수 있다. 어순변화는 왜 일어나는 것인가?

湯廷池(民國77年:463)는 "정상적인 일반적 어순은 순전히 통사관계(syntacticrelation)에 의거하여 결정하는 것이고, 특수한 예외적인 순서는 자주 의미나 화용상의 고려(semantic or pragmatic consideration)에서 조정한다."[59]라고 하였다. 이것은 중국어 어순변화를 어순의 실제적 활용 차원에서 다루고자 하는 본 논문의 전개와도 부합하는 주장이다. 劉煥輝(1997:258)에 의하면, 의사소통 행위는 사람의 일종의 외재적 행위이고 동시에 내재적 심리 활동이라고 주장한다.

현대중국어에서 각종 유형의 어순변화(도치, 변환)에 대한 연구는 중국어 실제 활용에 결합시킬 수 있어 중국어 문법연구를 더욱 계통화하고, 더욱 규칙화할 수 있고, 실용적인 수요에 부합할 것이라고 본다. 그러므로 문법분석이 만약 통사분석과 의미분석만 이야기한다면 완전하지 못하고 인지 화용과 결합해야 한다는 것을 알 수 있고, 의사소통에서 DS가 왜 필요한가를 알 수 있다.

특징은 변환 전후 문장의 기본 의미 구조가 불변한다는 것이다.(朱德熙, 1981) 그러므로 변환분석 중에 두 가지 이론 원칙은 필히 따라야 하는데 하나는 동일성 원칙이고, 하나는 평행성 원칙이다. (方經民, 1990) 변환분석은 항상 의미 연구 중의 의미 특징 분석을 운영해야 하는데 어떤 때는 화용분석 등을 이용하여 보충해야 한다. 彭蘭玉(1996)에서 재인용.

59) 正常的一般的詞序是純粹依據句法關係(syntactic relation)而決定的, 而特殊的例外的詞序是常由於語意或語用上的考慮(semantic or pragmatic consideration)而調定的.

趙振才(1985)는 중국어 문장의 어순 이동에 대해 구조분석에만 의지하는 것은 명확히 서술할 수 없고, 필히 고층차의 의사소통 분석을 하여야 비로소 어순이 왜 이렇게 이동하는가를 이해할 수 있다고 주장하였다. Li와 S. A.Thompson도 중국어 어순변화 원인을 분석할 때 문장을 일정한 언어환경에서 분석하고 있다. 무표기사 어순 계통 및 그 문형은 언제나 사람들이 효과적으로 의사소통을 진행하려는 수요를 만족시킬 수 있는 것은 아니고, 화자는 자신의 '발화의도'를 가장 적절하게 나타낼 수 있도록 어순을 각색하기도 한다.

기본 문장의 어순은 화자의 전달 의도에 따라 변화시켜 쓰게 되는데, 기본문의 어순은 발화 상황에서 화자의 전달 의도에 따라 어순변화를 일으킨다. 기본문의 어순이 고정되어 나타나는 것을 정치문이라 하고, 어순이 변화된 것을 도치문 혹은 변환문이라 한다. 어순 도치나 문형변환에 의한 어순의 변화는 단순한 통사적 이동 변형으로 설명할 수 없는 표현 가치를 수반한다.

중국어 어순의 고정성과 유동성의 문제는 상응하는 의미변화를 떠나서는 정확한 답안을 얻을 수가 없다. 엄격히 말하면 어순변화는 많든 적든 약간의 표현상의 변화를 일으킬 수 있다. 어떤 때는 어순변화는 명확한 의미변화를 일으킨다. 胡裕樹・陸丙甫(1988)에 따르면, 어순의 고정과 유동의 문제는 결국은 일으키는 의미변화의 대소로 결정하는 것이라고 주장한다. 그러므로 우리는 먼저 어순변화와 문법의미 변화의 관계를 명확히 해야 하는 것이다.

문형은 문장의 구조 형식인데, 예를 들면, 장문, 단문, 진술문, 의문문, 능동문, 피동문 등등이다. 동일한 의미는 몇 가지 다른 문형으로 표현을 하지만 수사 효과는 오히려 다르다. 그러므로 자신의 의사소통의 목적에 근거하여 적합한 문형을 선택하여 사용하여야 한다. 여러

76

가지 문형을 파악하고 정통하게 되면 의사소통을 하거나 작문을 하는 데 많은 도움이 될 수 있기 때문이다. 중국어에서 대다수 문형은 변환 문에 속할 수 있고, 서로 대응하는 문형은 서로 교환할 수 있다.

문형의 선택은 표현의 수요에 의하여 가장 적합한 문형을 선택, 즉 의식적으로 문장의 구조 방식을 변환하는 것이다. 동일한 의미를 다른 문형을 이용하여 표현하는 것인데, 이러한 문형을 동의 문형이라 한다. 문형의 다름으로 인하여 의미의 중점이나 어기의 강약도 다르고 표현하는 효과도 다르다. 문형의 선택도 수사의 중요한 내용이라 할 수 있다.

다음으로 살펴볼 것은 어순변화의 조건, 즉 어순이 변화하는 데 어떠한 제약(혹은 전제)이 따르는가를 살펴본다.

李臨定(1987:42)은 중국어의 어순은 비교적 유동적이며 변화가 가능하며, 그 변화 특징은 아래와 같다고 주장하였다.[60]

첫째, 동일 유형의 어순변화는 왕왕 그렇게 조리가 있는 것은 아니고, 가지런하지 못하며 이러저러한 조건제한이 있을 수 있다. 이것은 곧 어순변화가 복잡 다양함을 보여주는 것이다.

둘째, 문장의 기본 의미가 불변한다는 전제하에서 어순변화는 어떤 때는 표현 중점의 다름이나 능동, 피동의 다름 등을 나타낼 수 있다.

이것은 결국 어순이 변화하는 데는 어떤 제약이 뒤따를 수 있음을 말하는 것이다. 문형의 변환은 문장성분 순서의 변환, 즉 어순의 변환이다. 다시 말하면, 어순은 문맥의 제약을 받고 담화구조를 위하여 전후를 조정하고 연관시킨다.

---

60) 漢語的語序還是比較靈活的, 常常可以變化. 它的變化特點是: 一, 同一類型 裏的語序變化往往不是那麼整齊的, 是參差不齊的, 會有這樣那樣的條件限制. 這便使語序變化顯得複雜多樣. 二, 在句子的基本意思不變的前提下, 語序變化有時會引起表達側重點的不同或主動, 被動的不同等.

동의 문형은 외국인이 중국어를 학습하는 난점 가운데 하나이고 해결해야 할 과제의 하나이기도 하다. 화용 각도에서 본 동의 문형에 대해서 살펴보자. 표현상에서 이야기하자면, 화자는 주어를 선택하는 자유를 가지고 있다. 같은 의미는 施事를 주어로 선택할 수가 있고, 受事나 與事 등을 주어로 선택할 수 있다. 예를 들어 보자.

(3) a 我們昨天開了一個會.
　　　 우리는 어제 회의를 했다.
　　 b 昨天我們開了一個會.
　　　 어제 우리는 회의를 했다.

예문(3a)는 '시사주어'이고, (3b)는 '시간주어'이다. 화자가 무엇에 대해서 가장 흥미를 느낀다면 주어로 선택할 수 있다. 이 두 문장은 기본 의미는 서로 같지만 화자가 선택하는 주어는 다르고, 강조하는 성분도 다르다. 소위 동의문형이 가리키는 것은 그 의미가 서로 같거나 서로 가깝고 표현 중점, 의미 경중, 어기, 태도, 풍격 색채 등에 있어서 다른 표현 효과를 가지는 문장 격식이라고 할 수 있다.

동의 문형은 진정한 동의가 아니다. 완전한 동의어가 존재하지 않듯이, 동의 문형은 완전한 동의가 아니고, 다른 구조 형식이고 의미상 반영된다. 엄격하게 말하자면 진정한 동의 문형은 존재하지 않고, 의미상 미세한 차이가 동의 문형에서 구현된다.

임지룡(1997)에 따르면, 동의문은 진리 조건적 측면에서 볼 때 동의적이지만, 화자의 인지 방식이나 초점은 같지 않다고 주장한다. 이렇게 화자가 다양한 표현방식 가운데 어떠한 문형을 선택하는 데는 어떠한 요인이 작용하리라 본다. 그러므로 이에 대한 연구는 언어 자체에 대한 연구보다는 기능적 측면이 강하다고 보는 편이 타당하다고 하겠다.

J. M. Greene에 따르면, 언어 표현의 선택에 대한 연구는 언어 그 자체에 관심을 가지기보다는 오히려 인간의 言語行態의 동기에 관심을 갖고 연구하려는 한계선 중에서 심리학적인 LP의 편에 서서 진행시키는 정도라는 것이 일반적인 견해[61]라고 제시하고 있다.

중국어에서 어떤 동의구조의 다른 문은 자구상의 기본 의미는 같음을 표시하지만, 함유하고 있는 암시 의미나 연상 의미는 오히려 강약이 다르다는 것을 알 수 있다. 중국어 통사구조에서 관련사 위치가 고정적이지 않아 만들어지는 또 다른 동의 구조의 예를 보자.

  (4) a 旣然你不同意, 我就不去了.
      기왕 당신이 동의하지 않는 이상 나는 안 간다.
    b 你旣然不同意, 我就不去了.
      당신이 기왕 동의하지 않는 이상 나는 안 간다.

趙金銘(1993)에 따르면, 예문(4a)문은 관련사가 먼저 출현하여 주어 '你' 앞에 있고, 어기는 오히려 완곡하고, (4b)문은 주어 '你'가 먼저 출현하고 어기는 (4a)문보다 강하다고 하였다. 그러나 이는 필자가 조사한 바와는 다른 결과를 보이고 있다.[62] 이와 같은 배경에는 심리적 요인이 작용하리라 본다. 즉 각자의 언어 환경에서 관심의 초점이 다름을 반영하는 것이라고 볼 수 있다.

李臨定(1988:4)에 따르면, 동의문은 다음 조건을 가지고 있어야 한다고 주장하는데, 이는 어순변화를 하는 데 있어서 제약조건으로 작용

---

61) J. M. Greene 著 朴榮培 譯(1984) 『心理言語學』, 翰信文化社, 85쪽.
62) 필자의 조사에 의하면(이 조사 역시 북경외국어대 한국어과 학생을 대상으로 하였다), 전체 조사대상 20명 중 전자는 70%(14명), 후자는 30%(6명)이 어기가 강하다고 응답하였고, 이는 李臨定, 方梅와의 대담에서도 전자의 어기가 강하다는 의견이 나왔다.

할 수 있음을 의미한다.

첫째, 문장에서 사용하는 실사가 같다.
둘째, 표현하는 의미(내용)가 같다.[63]
셋째, 문장에서 각 실사 간의 의미 관계가 서로 같다.

李臨定과 유사한 견해가 있는데, 傅雨賢(1996:153)은 일반적으로 다른 격식을 구성하는 동의문은 다음 몇 가지 요소로 구성된다고 주장한다.[64]

첫째, 두 가지 문형의 성분사(즉 表義적 實詞)가 서로 같다.
둘째, 성분사의 배열순서가 다른 바가 있다.
셋째, 필요시 비성분사(즉 문법관계를 표시하는 虛詞)는 첨삭할 수 있다.[65]
넷째, 두 가지 다른 문형이 표현하는 문장 의미가 서로 같거나 엇비슷하다.

그러나 문장 의미의 중점이나 강조점, 설명점은 다른 바가 있고, 한 마디, 즉 표현 내용은 완전히 일치하는 것은 아니다. 그가 위에서 제시한 성분사가 같고, 즉 문장 의미의 구성 성분이 같다는 것은 동의문

---

63) 李가 제시한 것 가운데 '둘째' 항은 '표현하는 의미가 기본적으로 같다' 라고 하는 것이 적합하다고 본다.

64) ① 兩種句式的成分詞(卽表意的實詞)相同 ② 成分詞的排列次序有所不同 ③ 必要時, 非成分詞(卽表語法關係的實詞)可以有所增減 ④ 兩種不同句 式表達出來的句義相同或相當, 但句義重點或强調點, 說明點有所不同, 一 句話, 卽表達內容不完全一致 . 153쪽

65) 예를 들면 '被', '把', 시태를 표시하는 성분을 말한다. 어순의 변환은 虛 詞 사용의 도움을 받을 수도 있고, 虛詞 사용의 제한을 받을 수도 있다. 예를 들면, '咱們沒有一個親人'은 '咱們一個親人沒有'로 바꿀 수 없지만, 虛詞也', '都'를 붙이면 '咱們一個親人也(都)沒有'로 순서를 바꿀 수 있다.

을 구성하는 필요조건이거나 기초라고 말한다. 성분사의 순서는 변동이 있고 비성분사는 첨삭이 있는데 이것은 문장 격식을 구성하는 다른 동의문의 문법수단이다. 두 가지 다른 격식이 표현하는 의미는 같거나 엇비슷하지만 결코 완전히 같은 것은 아니고, 이것은 동의문을 구성하는 결과라고 한다.

다시 정리하면, 우리가 주목하는 것은 실사가 같고, 허사를 더하거나 줄일 수 있고 기본적인 의미를 유지하는 범위 내에서 성분들이 자리바꿈을 하는 현상이다. 본 논문에서 고찰하는 것은 동의 변환이지만, 여기서 말하는 동의는 결코 문장 의미가 완전히 같아야 한다거나 기본의미만 같으면 된다는 것은 아니다. 아래 예문을 보자.

(5) 因爲來得早, 我才買到那本書. (趙金銘, 1996)
일찍 왔기 때문에 나는 그 책을 살 수 있었다.
要不是來得早, 我就買不到那本書.
일찍 오지 않았더라면 나는 그 책을 살 수 없었다.
幸虧來得早, 否則就買不到那本書.
일찍 왔기 다행이지, 그렇지 않았더라면 그 책을 살 수 없었다.

위의 예문은 사용한 관련사도 다르고, 다른 복문 문형을 만들고, 문장의 의미도 차이가 있지만 기본 의미는 같다. 그러나 본 논문에서 다루고자 하는 대상에서는 제외된다. 그리고 세 가지 중에서 '기본 의미가 같아야 한다'는 조건을 충족시키지 못하는 '수사적 어순' 구성과 관계된 어순변화도 본 논문의 취급 범주에서는 제외된다.

다음은 동의 문형의 표현 의미에 대한 것이다. 문법상의 어순변화에 대해서 살펴보면, 일반적으로 어사 사이의 구조관계가 변하지만, 자주 어사 사이의 의미관계를 바꾸지 않을 수도 있다. 그리고 전체 문장이 표시하는 기본 의미도 변하지 않지만, 왕왕 원래 의미 위에 약간의 새로운 변화가 생기기도 한다. 문형에 영향을 주는 모든 요소 가운데 영향이 가장 큰 요소는 어순의 변화이다.

어순은 현대중국어에서 문법 관계를 표시하는 가장 이른 중요한 문법수단이다. 문형을 선택할 때 어떤 때는 전달 정보의 중점이 다름을 고려하게 된다. 중국어 속담에 "一句話, 百樣說"가 있는데, 중국어 동의문형이 확실히 풍부하고 다채롭다는 것을 말하는 것이라고도 할 수 있다. 어순변화, 예를 들면, 어순의 도치, 문형의 장단, 조직의 느슨하고 긴밀함, 구조의 정제됨과 산만함, 어기의 변화 등등인데, 모두 '표현수요'에 근거하여 선택하고 조정하는 문제를 가지고 있다. 동의사의 미세한 의미 차이를 분별해야 하듯이 동의문의 미세한 차이를 분별해야 정보전달에 있어서 '표현효과'의 극대화를 기할 수 있다고 본다.

다음으로 李臨定(1988:8)에서 제시한 변환규칙의 사용 모델에 대해서 살펴보자.

   (6) N施 + V + N受
      他吃了我的蘋果了.
      그는 내 사과를 먹었다.
   (7) N受 + N施 + V
      我的蘋果他吃了.
      내 사과는 그가 먹었다.
   (8) N受 + 被 + N施 + V
      我的蘋果被他吃了.
      내 사과는 그가 먹었다.
   (9) N施 + 把 + N受 + V
      他把我的蘋果吃了.
      그는 내 사과를 먹었다.

이 4가지 문형은 모두 언어 실천 중 실제 사용하는 것이고 모델형식에 속한다. 위에 든 예문들은 동의이고 동의 사용 모델이라고 할 수 있다. 동의 문형의 선택은 어체와 풍격(風格)의 총체로부터 출발하고 문맥의 전체적인 수요에서 고려해야 한다. 즉 가장 수요에 적합한 것이 어떤 어순 구성인가를 고려해야 이상적인 표현효과를 얻을 수 있다는 것이다. 왜 같은 의미를 다른 문형을 이용하여 표현을 하는가? 대답은 강조하는 초점, 즉 강조의 정보 중점이 다르기 때문이다. 즉 화용적 수요에 의하여 담화 초점을 바꾸고 문형이 변화한다.

화자와 청자 사이에 이루어지는 의사소통의 담화 전략적 상관관계는 아래와 같이 도식화할 수 있다고 본다.

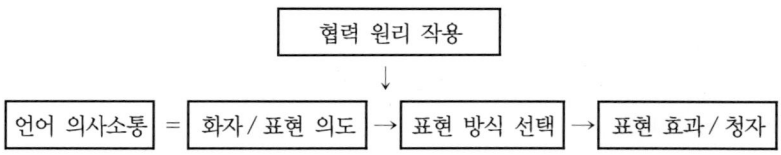

이것은 언어의 의사소통은 화자와 청자 사이에 의미를 전달하는 것인데, 화자가 의사소통 의도를 가지고 있으면 DS를 가지고 먼저 표현방식을 선택한다. 표현방식은 다양한 감정이나 의사를 가리키고, 다른 표현방식은 다른 표현 특징과 의사소통 기능을 가지고 있다. 표현방식을 선택하는 과정 중에 Grice가 제기한 협력원리가 작용하여[66] 표현효과의 파급이 청자에게 미치는 것이다. 이것은 결국 의사소통의 효용성을 높이기 위해서는 어순변화를 통한 담화 전략적 접근이 필요하다는 것을 제시하여 주는 것이고, 본 논문을 전개해 나가는 골간이 된다.

종합하여 서술하면, 각 어순변화 상황의 개략적인 고찰은 어순의 변

---

66) 이것에 대해서는 본 장 3.3.2를 참조.

화는 몇 가지 다른 결과를 일으킬 수 있는데 첫째는 구조와 의미가 모두 변화하는 것이고, 두 번째 구조는 변화가 있고 의미는 변화가 없는 것이고, 셋째는 구조와 의미가 모두 변하지 않고 단지 수사 작용만 다르다.

어순변화에 따른 의미, 구조의 관계변화를 도표로 도식화하면 아래와 같다.

	구조관계	의미관계
A	구조관계 변하지 않음	의미관계가 변함
B	구조관계가 변함	의미관계가 변하지 않음
C	구조관계가 변하지 않음	의미관계가 변하지 않음

어순 구성에 있어서 기본적으로는 통사적 요인이 심리적 요인보다 우선이지만, 어순변화를 통한 강조문의 경우는 심리적 어순이 통사적 어순에 앞선다고 본다.[67] 어순이 다르다고 하는 것은 단순히 내용은 같고 형식만 달라지는 그런 것이 아니고, 이들은 제각기 전혀 다른 의사소통의 목적을 이루기 위하여 쓰이고 있는 것이다. 다음으로 살펴볼 것은 중국어의 IS에 관련된 것이다.

---

67) 외국어 학습 시 초보학습 단계에서는 '통사적 요인 〉 의미적 요인 〉 화용, 심리적 요인'의 순서로 어순이 정해지는 양상을 보이겠지만, 학습이 심화될수록 그와는 반대의 순서로 어순을 배치하는 능력을 갖추게 된다고 본다.

3. 어순변화와 정보구조

전면적으로 중국어의 어순 계통을 고찰하기 위해서는 먼저 IS와 그 특징을 알고 이해해야 한다. IS란 화자(작자)가 청자(독자)에게 가장 효과적으로 정보를 전달하기 위하여 선택하는 구조라고 할 수 있다. IS는 구정보와 신정보를 포함하고, 소위 정보교류는 언어활동 과정 중 이미 알고 있는 내용과 새로운 내용 사이의 상호 작용이고, 구정보와 신정보의 구현은 어순을 이용한 화용전략이다. 언어 활용의 과정은 정보전달의 과정이다. IS에서 보면 담화 중의 문장에는 구정보와 신정보의 두 부분이 있는데, 이 두 가지가 서로 작용하여 정보단위를 구성하는 구조를 이룬다. 한국어나 일본어와 같은 교착어는 기능형태소(조사)와 어순을 주로 사용하고, 조사와 자유어순을 허용하지 않는 영어는 강세를 주로 사용한다.

중국어 IS에서 구정보와 신정보에 대한 일반적 개념은 주어진 – 새로운(given-new), 알려진 – 새로운(known-new), 낡은 – 새로운(old-new), 화제[68] – 평언(topic-comment), 화제 – 초점(topic-focus), 전제 – 초점(presupposition-focus) 등으로 분석 검토되어 오고 있다. 이러한 이분법에 있어서의 문제는 없는가? 위의 경우를 보면 용어도 다양하고 혼동의 여지가 다분히 있다고 본다. 먼저 구정보 – 신정보에 대하여 살펴보기로 한다.

---

68) The term 'topic' comes from Greek topos, a 'place' or 'commonplace', via the adjectival plural topika, 'commonplace things'. Robert De Beaugrande(1992) "Topicality and emotion in the economy and agenda of discourse" Linguistics 30, Mouton Publishers.

1) 구정보 – 신정보

어순과 IS의 연관성은 일찍이 프라그 학파에서 논의가 시작되어 기
능문법이라는 영역에서 독자적으로 연구 발전되었다고 할 수 있다. 근
20년래 서방 언어학계는 기능주의 흐름으로 인하여 언어의 IS 배열에
탁월한 연구 성과를 거두었다. 기능주의 학파는 언어의 의사소통 과정
은 실제로 의사소통 쌍방의 정보전달 과정이라고 하였다. 기능이란 화
자와 청자가 전달하려는 담화상의 의사소통 기능을 가리킨다. 소위
'기능(功能)'에 대해서 『現代漢語辭典』에서는 "사물 혹은 방법이 발휘
하는 유리한 작용"[69]이라고 풀이하고 있다. 중국어의 경우 어순의 담
화구조 기능은 陳望道(1959:64)가 『修辭學發凡』 '消極修辭' 편에서 주
의를 하였다.[70]

高名凱(1960)는 언어는 다른 상황하에서 다른 기능을 발휘하고 다
른 풍격을 낳는데, 그것으로 인하여 스스로 그 학설을 기능주의라 하
였다. 그는 이어서 우리가 말하는 중국어의 풍격은, 단지 다른 의사
소통의 장소에서 만들어지는 중국어의 풍격을 가리킬 뿐이라고 한다.
어떤 사람들은 기타 언어의 특징과는 다른 중국어의 특징을 중국
어의 풍격이라고 말하는데, 이것은 합당하지 않다고 한다. 高名凱
(1960:182)에 따르면, "중국어의 풍격은 단지 중국어가 다른 의사소
통의 장소에서 구비한 각종 언어의 분위기 및 그 표현수단의 체계를
가리키는 것이다."[71]라고 하였다. 기능문법의 기원은 아주 이르지만

---

69) 事物或方法所發揮的有利的作用.
70) "不可不依順序, 不可不相銜接". "順序有關於語言習慣的, 也有關於上下文
情形的……. 所謂顧及上下便是上文所謂相銜接, 普通也稱相貫串."
71) 漢語的風格只能指漢語在不同的交際場合中所具備的各種語言氣氛及其表達
手段的系統.

이러한 이론이 중시를 받기 시작한 것은 70년대에 시작되었다.

중국어 연구에서 기능 이론이 기초가 되는 문법서 가운데서 가장
이른 것은 Li and Thompson(1981)을 들 수 있다. 湯廷池(民國 77年)
는 기능원칙(功用原則, functional principles)으로 4가지를 제기하였는
데, 그가 제시한 4가지 원칙은 첫째, 구정보 – 신정보 원칙(從舊到新原
則), 둘째, 경중 원칙(從輕到重原則),72) 셋째, 저고 원칙(從低到高原
則), 넷째, 친소 원칙(從親到疏原則) 등이다.

의사소통은 가장 기본적인 기능이므로 언어의 분석과 연구는 의사
소통 기능이 기초가 되어야 하고, 인지 관점에서 살펴보아야 한다. 중
국어 문장의 정보 배열은 대체로 아래의 몇 가지 원칙을 따른다.73)

① 구정보가 신정보에 선행하는 원칙
② 초점은 문미에 위치하고 대비초점이 드러나는 원칙
③ 동사 뒤에는 하나의 중요한 정보 단위를 배정하는 원칙
④ 정보 전달의 명확, 간단 원칙

의사소통은 화자와 청자 사이의 의미 공유라고 할 수 있다. 의사소
통 雙方은 구정보와 신정보, 즉 화자와 청자가 공동으로 파악하고 있
는 내용에서 착수하여 신정보로 이끌어야 한다. 이는 청자의 인지ㆍ심
리 과정에 부합하고 가장 일반적인 구조방식이라고 할 수 있는데, 張
伯江ㆍ方梅(1994)에서는 화용론의 가처리 원칙(processibility principle)

---

72) 이는 Jespersen이 제기한 '상대적인 무게의 원칙(the principle of relative
   weight)'과도 같다고 볼 수 있는데, 가벼운 요소가 중심에 가까이 위치
   하고 무거운 요소는 주변 위치로 밀려난다는 것이다.
73) 溫鎖林, 「漢語句子的新式安排及其句法後果」, 袁暉ㆍ戴耀晶(1998) 『三個平
   面: 漢語語法研究的多維視野』, 語文出版社, 371쪽.

이라는 용어를 쓰고 있다.

화자나 청자가 이미 아는 것으로 의식하고 있는 정보가 새롭게 알려지는 정보보다 문장이나 구 또는 담화의 구성에 있어서 선행한다. 이러한 정보 배열은 어순에 있어서 먼저 화제를 제시하고, 새로운 정보를 덧붙여 나감으로써 대화에 CC를 부여하고, 초점을 향하여 담화를 발전시키는 요인으로 작용한다고 할 수 있다.

구정보가 가리키는 것은 언어활동 중에서 이미 출현했거나 언어환경에 의해서 단정할 수 있는 성분이다. 신정보는 언어활동 중 출현하지 않았거나 언어환경에 근거하여 단정하기 어려운 성분이다. IS는 언어활동 중 맥락과의 관계가 아주 밀접하고, 맥락을 떠나면 어떤 신구 정보의 구분을 말하기가 어렵다. 화자가 청자에게 정보를 전달하는 것이 주목적인 경우에는 언어 표현의 기본적 의미를 정확하고 분명하게 그리고 효과적으로 표현하는 것이 중요하다. 구정보는 의사소통의 기점이고, 혹은 통상적으로 문장의 전반 부분에 놓아 진술의 대상이 된다. 신정보는 진술의 내용이고 통상적으로 문장의 후반 부분에 있고, 정상 상황하에서 의사소통의 자연스러운 과정은 전체적으로 구정보에서 출발하여 신정보의 과정으로 들어간다.

어순은 구정보와 신정보의 실현에 영향을 받고, '구정보 – 신정보'의 배열은 중국어에서 어순을 결정하는 하나의 요인으로 작용하고 있다. 왜 이러한 배열을 준수해야 하는가? 통상 상황하에서 화자는 청자가 이미 알고 있는 상황, 즉 구정보에서 착수하고 점차 그가 상대에게 알리려고 하는 새로운 상황으로 이끈다. 이러한 규정을 벗어나게 되면 대화가 순조롭게 진행되지 않는다. 아래 예문을 보자.

(10) 主席團坐在哪兒? (胡壯麟, 1989)

　　의장단은 어디에 앉아 있나요?

　　a. 主席團坐在臺上.

　　　　의장단은 무대에 앉아 있습니다.

　　b.主席團臺上坐着.

　　　　의장단은 무대에 앉아 있습니다.

　?c. 臺上坐着主席團.

　　　?무대에 의장단이 앉아 있습니다.

　위의 예문에서 ?가 붙는 원인은 문미에 화자가 기대하는 신정보가 없기 때문이다. 즉 구정보-신정보의 배열을 벗어나고 있다. 다음 담화를 또 보도록 하자.

(11) 主持人: 300塊錢就把你心情弄複雜了?

　　　　　　300원이란 돈이 당신의 심정을 복잡하게 만들었지요?

　　郭英劍: 我覺得主要原因在哪兒, 就是我不知道這個事.

　　　　　　나는 주된 원인이 어디 있냐 하면 바로 내가 이 일을 몰랐다는 거지요.

　　主持人: 捐款的事你不知道, 還是說你沒想到她捐這麼多錢?

　　　　　　돈을 기부하는 일을 당신이 몰랐다는 것인가요 아니면 그렇게 많은 돈을 기부했으리라고 생각하지 못했다는 것인가요?

　　郭英劍: 捐款的事我也不知道, 而且也沒想到她捐這麼多.

　　　　　　돈을 기부한 일은 나도 몰랐고, 그 얘가 그렇게 많은 돈을 기부했으리라고는 생각하지 못했어요.

　　　　　　　　　　　　　　　　　　　　　(『實話實說』「郭敎授的難題」)

　위의 담화의 의문문과 대답문도 구정보-신정보의 틀을 이루고 있다. IS는 구정보와 신정보가 서로 작용하여 정보단위를 구성하는 구조를 구성하지만, 우리가 숙지해야 할 것은 구정보가 신정보에 앞서는

것이 IS의 모델은 될 수 있지만 유일한 모델은 아니라는 것이다.[74]

어순 구성의 '적절성'에 관해 좀 더 살펴보도록 하자.

의사소통 과정은 복잡하고 동시에 많은 요소를 언급하기 마련이다. 화자가 청자에게 전달하는 정보는 실질성이 있는 의미 내용이어야 하고, 이러한 의미 내용은 적합한 통사구조로 실현되어야 하고 '적절성'을 가지고 있어야 한다. 황적륜(1984: 41)에 따르면, "문법적 표현을 이해하고 쓸 수 있을 뿐 아니라, 사용 맥락 속에서의 적절성을 판별하고 맥락에 따라 가장 적절한 표현 양식을 쓸 수 있는 능력"을 포괄하는 LC를 CC로 제시하고 있다.

이는 달리 말하면, 언어교육 내용이 세부적으로 분석되어 온 언어의 문법 및 구조에만 관여하기보다는 의사소통이라는 언어의 특성에 관여하여야 한다는 것을 지적해 주는 것이다. CC라는 개념으로 문법 또는 구조 위주의 관점에서 벗어나 구체적인 실제 상황에서의 언어 사용 기능의 관점으로 언어교육이 전환되어야 한다는 것을 시사해 주고 있는 것이다.

우리가 한 언어를 안다고 할 때는 단순히 문장을 읽고 쓰고 이해하는 그러한 과정은 물론이고, 의사소통의 취지와 언어환경에 맞게 문장 성분이 어떻게 배열되고 사용되는가도 역시 파악할 수 있어야 한다. 적절성 조건은 Grice(1975:41-58참조)가 제시하는 '대화의 협력 원리(conversational cooperative principle)'와 밀접히 관련된다. 이는 미국 버클리대학의 교수인 H.P.Grice가 가장 먼저 제기한 원칙으로 '量', '質', '關係', '方式'의 네 개의 범주로 나누어 놓고 있는 것이다.[75]

---

74) 어떤 때는 신정보도 구정보 앞에 출현할 수 있다. 이에 관해서는 '화제 -평언'절에서 다시 다룬다.

75) Grice(1975)의 협력원리는 다음과 같다.
   QUANTITY: Give the right amount of information: i.e.

90

William. J. Baker도 "'문법성에 부합'하는가는 '수용 가능성 정도'라
는 이 상관 개념과 동일시해서는 안 된다."[76]라고 하였다. 胡明亮
(1991)은 문장의 어순은 담화의 화제구조와 부합해야 한다고 하면서
다음과 같은 예문을 들고 있다.

(12) a. 甚麼地方你結婚? (胡明亮, 1991)
　　　 어느 곳에서 당신은 결혼하나요?
　　 b. 我在杭州要結婚.
　　　 나는 항주에서 결혼하려고 합니다.

우리가 주의할 것은 예문(12b)이다. '我在杭州要結婚'은 문법에 들어
맞는 문장이지만 언어환경(12a)에는 적합하지 않다. 원인은 신정보를
표시하는 술어 '在杭州'를 '要' 앞에 놓아 문장의 제2화제가 되었기 때
문이며, 만약 아래 예문(13)으로 바꿔 쓰면 더 적절한 표현이 될 수
있다고 한다.

---

　　1. Make your contribution as informative as is requird.
　　2. Do not make your contribution more informative than is required.
QUALITY: Try to make your contribution one that is true: i.e.
　　1. Do not say what you believe to be false.
　　2. Do not say that for which you lack adequate evidence.
RELATION: Be relevant.
MANNER: Be perspicuous: i.e.
　　1. Avoid obscurity of expression.
　　2. Avoid ambiguity.
　　3. Be brief (avoid unnecessary prolixity).
　　4. Be orderly.
76) William. J. Baker 陳平 譯(1985) 「從"信息結構"的觀點來看語言」, 『國外
　　語言學』, 第2期.

(13) 我要在杭州結婚.
    나는 항주에서 결혼하려고 합니다.

언어환경 정보(contextual information)는 쌍방이 의사소통하기 전에 이미 확립하는 환경이거나 담화에서 문맥 중 이미 교환하는 언어형식이다. 정확히 의사소통 의도를 이해하려면 언어환경 정보에 의지해야 한다. 언어환경 정보를 파악하게 되면 담화의 IS를 확정하고 담화표현 형식을 정확하게 선택하는 데 도움이 된다.

아래에서 다시 적절성의 문제를 보도록 하자.

(14) 我的錶呢?
    제 시계는요?
 a. 你的錶他捽壞了.
    당신의 시계는 그가 망가뜨렸습니다.
 b.? 他捽壞了你的錶.
    ?그는 당신의 시계를 망가뜨렸습니다.

위의 예문(14) 물음에 대한 적절한 대답은 a이다. 이것은 b를 선택해도 의미 전달상 말이 통하지 않는 것은 아니지만, 중국인들의 일반적인 습관에 의하면 그다지 통용되지 않는, 즉 부자연스럽다고 느끼는 문제가 있다. 물론 이러한 문답 대화가 유일한 주고받음은 아니지만 전형적이라고 할 수 있다. 우리는 반복적인 IS의 자극을 통한 의식화(conscious-raising) 과정을 통하여 무의식적인 능력의 일부로 갖추게 하여 실제 LP에서 그 효과를 발휘하게 할 수 있다고 본다.

우리는 발화의 구조를 지배하는 음운, 문법 규칙은 잘 알고 있으면서도 발화를 그 상황에서 용인할 수 있게 해 주는 구체적인 규범에 대해서는 깨닫지 못하는 경우가 흔히 있다. 따라서 대화 참가자는 사회가 그 구성원들에게 설정해 둔 규범을 이해할 필요가 있다. 어떤 때는 문법규칙만 사용한다면 해석하기 어려운 경우가 있기 때문이다.

지금까지 우리의 언어 교수법의 경향은 주로 구조와 문법에만 집중되었으며, 그 결과 문법과 구조에 대해서는 상당한 지식을 갖고 있으면서도 실제 의사전달 상황에 부딪치게 되면 효과적으로 잘 대처하지 못한 것이 사실이다. 우리는 기본적인 문법 구조의 지식을 가르치는 것과 더불어 그러한 지식을 실제 언어 사용에 적용시킬 수 있는 능력 -실제 활용 능력-을 갖추게 하는 것이 필요하다.

결국 CC의 개념과 의사소통 중심의 방법론이 우리에게 지시하여 주는 것은 실제 상황에서 중국어를 사용할 수 있는 CC를 중시하는 언어교육으로 전환되어야 한다는 것이다. 이것은 중국어의 실제적인 활용능력이라고 할 수 있는 CC와 관련이 있다. 이에 관해서는 4장에서 다루게 된다.

2) 화제-평언

장기간 중국 문법 학자들은 '주어-술어'의 틀로 중국어의 IS를 설명하는 데 습관이 되었다. 鄭遠漢(1998:53)은 "중국어는 논리순서와 언어 위치의 일치성을 중시하고, 문장 구조상의 표현은 화제가 종종 주어와 일치하는데, 화제는 앞에, 술어는 뒤이다. 중국어 문장의 주어는 앞에, 술어는 뒤에 있는데, 이것도 중국인의 사유형식이 언어로 표현된 것이고 중국어 통사구조 단순화의 특징을 반영하고 있다고 할 수 있다. 이러한 언어민족 풍격은 문법구조 단순화의 특징과 일맥상통하는 것이다."라고 주장하였다.

만약 우리가 전면적으로 중국어 문장의 IS를 고찰하면 많은 상황이

'주어-술어'나 '화제-평언'으로 포함할 수 없다는 것을 발견할 수 있다. 70년대 이래 더욱 많은 학자들은 구정보와 신정보의 구별을 '화제-평언(topic-comment)'이라는 개념으로 부여하려는 경향이 있었다.

박승윤(1990:27)은 "원래 테마 혹은 화제는 정보 교환적 관점에서 파악한 개념이다. 이처럼 담화상에서의 IS에 관한 화제-평언의 개념으로 문법적 어순 현상을 설명하려고 하는 것은 기본적으로 언어의 형태를 담화 화용론적으로 설명하려는 최초의 시도였다고 본다."라고 했다.

화제-평언의 연구는 19세기 중엽 H. Weil에서부터 시작되었는데, 프라그 언어학파의 창시자인 V. Mathesius에 의해 본격적으로 연구되기 시작했다. 그 이전의 화제-평언 연구 경향을 살펴볼 때, 가장 큰 오류는 여러 학자들이 화용론적 기능을 담당하는 화제, 평언과 통사론적 기능을 담당하는 주어, 술어의 개념을 제대로 구별하여 사용하지 못했고, 그 둘을 서로 혼동 또는 통합했다는 것이다. 프라그 학파 학자들은 어순 문제를 화제와 결부시키고 있다. 화제-평언이라는 객관적 어순은 인간의 사고는 기지의 것(the known)으로부터 미지의 것(the unknown)으로 진행된다고 하는 보편적 원리에 의해 결정된다는 것이다.

1984년 申小龍은 『左傳』의 문형계통을 기초로 삼아 전면적으로 분석하고 고찰하였는데, 주어와 술어를 두 개의 큰 틀로 간주하는 견해에 대해서 부정적인 의견을 제시하였고, 중국어 문형을 새로운 큰 유형-화제문으로 확립하였다. 이것은 말하자면 인구 언어 중 주어와 술어로 이분하는 국부진리를 보편규칙으로 하여 중국어 구조에 맞추려는 것은 이제는 통하지 않는데, 왜냐하면 중국어는 '주어-술어' 구조로 분석하는 데 적합한 주술문 외에 '화제-평언(논평, 설명)'구조를 이용하여 분석하는 화제문이 있기 때문이라고 주장했다. 그렇다면 '화제-평언'으로만 분류하는 것은 문제가 없는가?

94

우리는 여기서 화제를 논하기에 앞서 '전제(presupposition)'77)란 용어를 살펴봐야 한다. 왜냐하면 화제와 전제는 화자와 청자가 공유하는 구정보라는 공통성을 띠기도 하지만 그 사용에 있어서 완전히 같지는 않고 주의를 요하기 때문이다.

Alleton(1978:134)은 주어진 정보(given information), 전제(presupposition), 화제(theme)를 구분하였다. 주어진 정보란 앞의 대화, 환경, 경험 등에서 언급된 바 있는 것으로, 청자의 마음에서 환기시킬 수 있는 사실 또는 내용이며, 전제란 당연한 사실 또는 진실을 말하며, 화제는 화자의 마음에 가장 먼저 떠오르는 대상이라고 한다.78)

그가 이야기하는 주어진 정보, 즉 구정보는 그 범위에 있어서 전제와 화제를 포함한다고 본다. 그리고 전제는 화제와 연결 작용을 하고, 화제는 전제의 부분일 경우도 있다. 그 차이를 보면 화제는 언어형으로 실현되지만, 전제는 언어형으로 실현되는 경우도 있고 실현되지 않는 경우도 있다. 그러므로 필자는 전제를 '문장 외 전제'와 '문장 내 전제'로 나누어 살피는 것이 타당하다고 본다. 먼저 '문장 외 전제'를 보도록 하자.

(15) 他今天又遲到了.
    그는 오늘도 또 늦었다.

위 예문의 전제는 '他曾經遲到過'이고, '又'는 전제를 상기시키는 '전제 촉발어'라고 할 수 있다. 의사소통 쌍방은 필히 일정한 공유지식(shared knowledge)을 가져야 하고,79) 그렇지 않으면 의사소통이 순

77) 전제는 철학 및 근 년래 언어학 범위 내에서 비교적 광범하게 언급하는 하나의 개념이고, 모든 언어에 공통적으로 보이는 현상이라고 할 수 있다.
78) 김영화(1989)에서 재인용.
79) 화용론에서 보면 담화는 의사소통 과정 중에 어떠한 언어 단위가 모두

조롭지 못하다. 공유지식은 화자가 발화 당시 그 발화와 관련하여 청자가 갖고 있다고 상정할 수 있는, 담화 내 이전 발화뿐 아니라 상식이나 추론을 비롯한 모든 배경적 지식으로부터 추출할 수 있는 담화적 전제들을 설명해 준다. '문장 내 전제'에 관해서, 湯廷池(民國 69年)는 "정보초점 이외의 부분이 문장의 전제"[80]라고 하였다.

그렇다면 전제에 대한 파악은 왜 선행되어야 하는가? 전제가 결여되면 청자(독자)는 문장이 연관되어 있지 않다고 느낄 것이고, 화자(작자)의 사유를 따라잡기 어렵기 때문이다. 그렇지 않으면, 정확하게 화자(작자)가 전달하려고 하는 정보를 얻기가 어렵다. 그러므로 아래 예문 (16b)에서와 같이 전제를 파악할 수 있어야 한다.

(16) a. 昨天我看了一部電影.
　　　어제 나는 영화 한 편을 보았다.
　　 b. (昨天我看的)那部電影很有意思.
　　　(어제 내가 본) 그 영화는 아주 재미있었다.

우리는 문장이 IS에서 '구정보 - 신정보'로 배열을 이루는 것이 일반적이라고 했지만, 그렇다고 언어의 표현이나 의사소통에서 담화가 언제나 아래와 같이 단순 명료한 등식의 모형에 의해서 발전하는 것은 아니다.

(17) 首爾有一個高麗大學, 大學裏有一座人文大樓, 大樓前是一片草地, 草地上塾着一個銅像 (齊滬揚)
　　　서울에는 고려대학교가 있는데, 대학에는 인문 강의동 건물이 있고 건물 앞에는 잔디가 있고, 잔디 위에는 동상이 하나 서 있다.

정보성을 가지고 있는 것이 아니고 공동의 배경 지식이 되는 부가된 정보의 언어 단위이어야 한다.

80) 訊息焦點以外的部分是句子的預設.

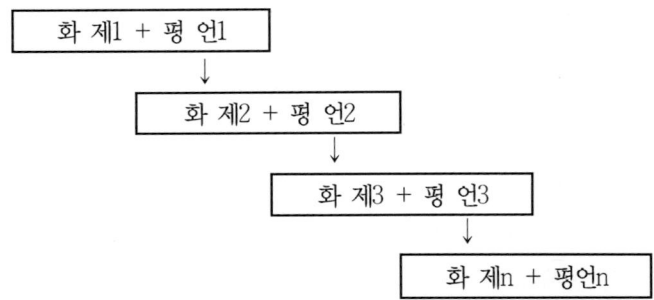

단지 이 모형은 의사소통 과정에서 미지의 내용이 공동지식의 내용이 된다는 것을 설명하고 있고, 평언이 화제가 되어 담화가 합리적으로 발전하게 된다는 것을 설명하는 것이다. 실제의 의사소통 과정에서는 이 모형보다 나타나는 상황이 복잡하고 다양하다.

Robert De Beaugrande(1992)에 따르면, "화제는 언어적인 것일 뿐만 아니라 사회적이기도 하고 심리적인 관심이기도 하다. 화제는 심리학적으로 인지와 기억으로 구성되어 있음에 틀림없다. 예를 들면, 전형적으로 화제에 속하는 것을 지시하여 담화진행을 증진시키고 '틀(frames)'이나 '도식(schemas)'에 기초를 두고 있다."고 주장한다. 그의 이러한 견해는 비교적 중국어 사실에 부합한다고 할 수 있다. 중국어 화제는 문두에 출현하기 때문에 여전히 이 위치는 인지상 가장 청자의 주의를 일으킬 수 있는데, 이것은 인지관점에서 얻은 설명이다.81)

중국어는 화제가 우세한 언어이다. 중국어에서 문어와 구어 텍스트에서 화제구조는 통사의 정상적인 부분으로 간주하고 있고, 영어에서

---

81) 심리학의 실험 연구는 일반 대화에서 가장 청자의 주의를 이끌 수 있는 것은 먼저 문두 성분이다. 문두는 정보의 출발점이고, 그것은 상대방으로 하여금 정보의 실마리와 범위를 파악하게 한다. 그러므로 대화 어체에서 제한된 시간 내에 가장 중요한 정보를 문두에 놓는 처리 방법은 화자 심리의 직접 반영이고, 청자의 주의를 이끄는 간편한 수단이다.

보다 더 빈도 높게 사용하고 있다. 趙元任(1979: 中譯本 45)에 따르면, 주술 문장(피동의 동작도 넣고 '是'도 넣을지라도)의 비율은 높지 않은데 50% 미만이다. 그러므로 중국어에서 주어, 술어를 話題와 說明으로 간주하는 것이 비교적 적합하다고 했는데, 그것은 적어도 중국어에서 50%에 가까운 문장은 화제구조라는 것이다.

申小龍(1988:92)이 현대중국어 문학작품 『井』에 대해서 문형조사 연구를 하여 얻은 결과는 화제문이 전체 문장 수의 49.6%를 점하여 趙元任의 판단과 부합하고, 현대중국어가 화제문 형식이 지배적인 지위를 점하는 언어라는 것을 반영하고 있다. 이에 반해 한국어는 화제와 주어가 두드러지는 언어이다. 그중에서 주어보다 화제가 현저한 언어이다. 박승윤(1986)에 따르면 영어는 문장성이 강한 언어이고 한국어는 담화성이 강한 언어이며, 영어는 담화의 IS에 관계없이 개개 문장의 형식적(formal) 완결이 보다 중요한 언어라고 주장한다.

중국어와 한국어는 화제가 우세한 언어(topic prominent language)라는 공통성을 가지고 있는데, 중국어는 RWO이면서 화제가 두드러지는 언어이고, 한국어와 일본어는 FWO이면서 화제가 두드러지는 언어이다. '象鼻子長'과 같이 'NP는 NP가 VP'의 구조는 Dik(1978)의 이론을 중국어나 한국어, 일본어에 적용시키기에 알맞은 구조라고 할 수 있다.

권재일(1992)에 따르면, 어순에 의하여 격을 실현하는 언어가 있지만 한국어에서는 어순이 결정적인 역할을 하지 못한다고 한다. 蔡琬(1986)은 화제와 문법적 기능이 다 같이 어순의 결정에 큰 힘을 발휘한다는 점에서 영어나 체코어와는 또 다른 특성을 가진다고 하였다.

지금 문법학계에서 보편적으로 사용하는 화제라는 술어는 사실 두 가지의 함의를 가지고 있다고 볼 수 있다. 그것은 화제 성분을 가리키고, 또 담론의 화제를 가리킨다.[82] 중국어에서 화제와 평언의 구분은 주로 강세(stress)[83]의 분배, 문중 휴지(pause) 등의 운율적인 수단에 의하여 구분된다. 근래에는 화제와 평언은 화용론 범주에 들어 화용론 성분으로 사용한다. 화제는 화자와 청자와의 의사소통의 효율을 높이기 위한 기능적 장치이자 의사소통의 출발점이다. 화제어의 고유한 특성을 밝히려면, 화제어로 가정되는 여러 요소들의 기능을 철저하게 살펴야 한다. 화제의 작용과 기능은 그것이 출현하는 문장 중에만 출현하는 것이 아니고 통상 하나의 담화를 넘는다.

문장의 화제는 어떤 특징이 있는가? 국내외 몇몇 학자들에 의하면, 문장 화제의 주요 특징을 종합하면 대략 아래의 몇 가지로 요약할 수 있다.[84]

① 문두에 위치한다.
② 진술의 대상이고 구정보이고 일반적으로 무슨 신정보를 더하지 않는다. 그러므로 가리키는 것은 항상 한정적(definitic)이고 총칭적

---

82) 전자는 문장의 표현, 즉 화제표현에 대응되며, 후자는 보다 큰 단위의 화제이다. Mathesius를 비롯하여 Firbas, Daneš, Davison and Lutz 등은 화제를 문단 전체와 연관짓고 있는 반면, Halliday는 형식상 문장의 첫 부분에 오는 요소를 화제로 간주하고 있다.

83) 강세는 문장에서 화제를 가려내는 데 있어서 어순과 더불어 중요한 역할을 한다. 화자가 제시하는 초점에는 반드시 강세가 부여되고, 구정보가 전달되는 언어학적 장치로는 약강세와 대명사화를 들 수 있다. 중국어의 경우 정보초점의 강세는 문미나 문미 부근에 오게 되는데, 문제는 유표기 정보초점에 있다. 胡壯麟(1997)에 따르면, 중국 학생들은 습관적으로 중국어의 특징에 근거하여 강세를 정보단위의 문미 부근 가까운 곳에 둔다. 이것은 영어의 무표기 정보초점의 위치와 부합하는 것이다. 곤란은 유표기 정보초점에 있는데 그것은 문미 부근에 있지 않아 학생들은 언어환경에 근거하여 그 위치를 판단하는 것이 필요하다고 주장한다.

84) 史有爲(1997)『漢語如是觀』, 北京語言文化大學出版社, 129-130쪽.

(generic)이다.

③ 문중 동사(형용사) 간에 꼭 일정한 의미 관계가 있지만, 선택 관계
가 존재하지 않을 수 있다. 즉 술어의 논항(argument)으로 출현하
는 것은 아니다. 말하자면 의미 관계상 화제는 동사의 필요격은 아
니다.[85] 이 점은 중국어에서는 표현되지 않는데 왜냐하면 중국어
는 형태가 결여되어 있기 때문이다.

④ 재귀 대명사화, 피동화, 상동 명사 삭제와 명령문화 등의 과정을 개
입시키지 않고, 즉 통사상 독립을 유지할 수 있고, 문장의 나머지 부
분에 의지하지 않지만 동일지시 명사의 대명사화가 있을 수 있다.

⑤ 화제 뒤에는 휴지 어기사를 가질 수 있어서 뒤의 진술 부분과 격
리된다.

曹逢甫는 주어와 화제(topic, 曹는 '主題'라고 칭함)를 토론할 때 어
기사를 이용하여 화제와 동일문 중의 기타 성분을 격리할 때 이러한
특징을 화제가 주어와 다른 특징으로 보았다. 화제 표지(topic marker)
인 어기사(啊, 呀, 嘛, 呐, 吧)는 늘 중요 정보의 핵심성분 앞에 출현
하고 초점성분에는 출현하지 않으며, 어기사는 청자의 주의를 끄는 중
요한 역할을 담당한다.

王福祥(1992)에 따르면, 중국어의 화제구조를 6가지 유형으로 나누
었는데, NP(명사구, 그중에는 수량사구를 포함한다), S(分句), S'(화
제성 分句), VP(동사구), PrepP(전치사구), PostP(후치사구)이다. 해
당 예문을 보도록 하자.

---

85) 화제는 동사에 의하여 결정되는 것이 아니고, 담화에 의하여 선택되어
어떤 역할을 수행하는 것이라고 할 수 있다. 일어의 경우 'は'표기의 화
제 역시 문장의 동사와도 선택관계가 있을 필요는 없다.

(18) 這些話我不相信. (NP)

이런 말들을 나는 믿지 않는다.

(19) 他會說這些話我不相信. (S)

그가 이러한 말들을 할 수 있다는 것을 나는 믿지 않는다.

(20) 這些話他會說我不相信. (S')

이런 말들을 그가 할 수 있다는 것을 나는 믿지 않는다.

(21) 在桌子上他放了幾本書.86) (PrepP)

탁자 위에 그는 몇 권의 책을 놓았다.

(22) 桌子上有書, 牀上不會有書. (PostP)

탁자 위에 책이 있지, 침상에 책이 있을 리 없다.

(23) 說這些話我不贊成. (VP)

이런 말들을 하는 것을 나는 찬성하지 않는다.

그리고 문두의 명사성 성분은 동시에 몇 개가 출현할 수 있다.87) 袁暉·戴耀晶(1998)에서 들고 있는 아래 예문을 보자.

(24) 這件事情, 老張的處理辦法我有意見.

이 일은, 장형의 처리 방법은 나는 의견이 있다.

(25) 昨天, 在會議席上, 大家都贊成這個意見.

어제, 회의석상에서 모두들 이 의견에 찬성했다.

(26) 以前, 我的話他當作耳邊風.

이전에, 나의 말을 그는 마이동풍으로 여겼다.

---

86) 문두에 나오는 장소 전치사구는 사건 전체 진행 장소를 나타낸다. 王福祥이 든 이 예문은 중의를 가지고 있고 비문으로 처리된다.

87) 문두의 명사성 성분은 형식상에서 보면, 두 가지가 있는데 하나는 전치사를 가진 것이고, 하나는 전치사를 갖지 않은 것이다. 전치사를 갖지 않은 것은 또 다른 상황이 있는데, 하나는 가질 수 없는 것이고, 하나는 가질 수 있으나 갖지 않은 것이다. 湯廷池(民國66年:127)에 따르면 어떠한 문이건 단문, 복문, 합성문에 관계없이 화제는 하나이지만 주어는 여럿일 수 있다고 했다.

(27) 老李, 昨天在廠裏他跟我談起過這個問題.
　　　이 형은, 어제 공장에서 나와 이 문제를 논의했다.

　우리는 여기서 화제와 주어의 문제를 짚고 넘어가야 한다. 崔應賢·
朱少紅(1993)에서는 주어와 화제는 8가지 구별과 연계를 가지고 있다
고 했다. 담화 중 IS의 '무표기(unmarked)' 순서는 '구정보→신정보'
이다. 예를 들어 '這個句子很難懂'에서 '這個句子'는 평언의 대상이 될
수 있고 당연히 주어가 화제를 겸한다. 화제는 항상 자신의 의미 범위
를 하나의 문장 이상으로 확대하고, 주어는 그것이 동시에 화제가 되
는 것을 제외하고는 이러한 기능이 없다. 한국어의 경우를 보면, 화제
와 주어가 명확한 구별성 표지의 언어이고, 양자는 문중에서 어떤 때
는 두 가지 다른 성분에 속하고, 어떤 때는 함께 중첩하기도 한다.
　유표기 화제는 항상 전치사구를 이용하는데,[88] 주어는 일반적으로
전치사구로 충당할 수는 없다. 기존에는 화제와 주어에 대해서 '對立'
할 뿐만이 아니라 '交叉'할 수 있다고 하고,[89] 교차의 결론을 얻을 수
있는 이유는 일반적인 이해에 의하면 주어는 술어에 대해서 말하는
것이고, 화제는 평언에 대해서 말하는 것이기 때문이라고 하였다.
　이러한 관점에 대해 湯廷池는 구별하기를 화제는 담화기능(discourse
function)의 개념이고, 주어는 통사관계(syntactic relation)의 개념이라

---

88) 申小龍(1989)에 따르면, '關於婚姻的事情我自己作主'류의 격식을 자주 사
　　용하는 것이 서구화 통사론의 영향을 받은 것이라고 하고, 중국인이 더
　　욱 습관적이고 상용하는 격식은 '婚姻的事情我自己作主', '這事兒我也沒
　　有辦法'이라고 제시하고 있다.
89) 李彰浩(1996)에서는 그렇게 되면 주제(화제)와 주어가 동일 층위에 있
　　다는 오해를 불러일으킬 수 있으므로 타당성이 결여되어 있다고 하고,
　　문장을 '담화화용 층위 분석(주제-평언)', '통사층위 분석1(주어-술
　　어)', '통사층위 분석2(대주어-소주어-소술어)', '의미층위 분석(수사건
　　시사-동작)'으로 나누는 방법을 제안하고 있다.

고 하였고, Li & Thompson(1976)은 주어가 문장 내의 개념으로서 문법과정에서 주도적 역할을 하고 술어와 선택적 관계를 가지며 어형의 일치를 이루는 반면에, 화제는 DS와 연관된 개념으로서 화용적 기능을 담당하고 나머지 문장에 통합된 정도가 주어에 비해 약하다고 주장한다. 화제가 '담화기능'의 개념에 속한다고 생각하면 화제는 화용적이고, 문법적이 아니고, 주어가 '통사관계'의 개념에 속한다고 하면 주어는 문법적이고 화용적이 아니다. 그러므로 결론은 그것들은 동일 평면에 속하지 않는다는 것이다.

중국어에서 화제와 주어가 있을 경우에 그 문장에서 생략된 명사구가 무엇인지 결정함에 있어서는 화제가 주어보다 우선한다. 중국어에서는 화제를 생략하는 零形의 조응 방식이 보편적으로 사용되며, 후행문에서 생략 대신에 동일 명사나 대명사로 대치되는 경우가 많다. 아래 예문을 보자.

(28) 孔乙己是站着喝酒而穿長衫的唯一的人. 他身材高大:( )靑白臉色, 皺紋間時常夾些傷痕;( ) 一部亂蓬蓬的花白鬍子.
공을기는 서서 술을 마시는데, 긴 홑옷을 입은 유일한 사람이다. 체격은 크고, 얼굴색은 창백하고, 주름 사이에는 상흔이 있고, 흐트러진 반백의 수염이 있다.

의사소통에서 단문보다 큰 언어단위에 사용하는 언어단위는 복문, 문장군[句群], 단락 같은 것이 있다. 중국어에서 하나의 담화단위를 형성하는 것은 단독의 문장이 아니고, 동일 화제하에 전후가 연계된 여러 개의 문장이다. 담화에 화제를 끌어들인 후에 이 화제는 길든지 짧든지 일단의 시간 지속하는데 이것을 '화제연속(話題鏈, topic continuity)'90) 이라고 한다('화제연속'은 '화제연쇄(topic chain)'라고도 한다). 화제연속은 중국어의 기본 통사단위라고 할 수 있다. 화제연속의 범주는 Tsao(1977)에 의하여 중국어 문법에 소개되었는데,[91] 그는 화제가 몇 개의 문장을 연결시키기 위하여 그 영역을 확장시킬 수도 있다는 데에 주의를 하였다.

다음으로 살펴볼 것은 화제의 특징 가운데 하나인 한정성에 관련된 것이다. 중국어의 한정 명사성 성분을 담당하는 경향이 강한 문장성분은 주어, '把'구문의 목적어, 이중목적어 구문의 간접목적어 등이다. 화제가 '화제－평언'의 구조에 따라 주어진 정보라고 볼 때, 초기 발화에서는 주어진 정보가 오는 것이 자연스럽기 때문에 화제는 한정성을 가지게 된다는 것이다.[92] 한정과 비한정은 언어의 IS에서의 개념이고, 한정과 비한정[93]에 대해서 중요한 작용을 하는 것은 어순과 언어환경 요소라고 할 수 있다. 본 논문에서는 한정이란 '화자와 청자가 알고

---

90) 화제의 일관성은 통사적으로 공지시적 한정명사, 대명사, 생략 등과 같은 연결 수단에 의하여 이루어진다.

91) 曹逢甫는 중국어는 담화 중심의 언어(Discourse-oriented Language)라고 했고, 영어는 문장을 중심으로 하는 언어(Sentence-oriented Language)라고 생각했다. 그의 이론은 중국어 문장 구조와 영어 문장 구조의 본질적인 구별을 가리킨 것이다.

92) 그러나 중국어 존현문의 경우를 보면, 주요 기능이 신정보를 끌어들이는 데 있고, 신정보로 담화에 도입된 존재 주체는 일반적으로 비한정 단어이다. 존현문의 경우 한국어에서는 施事性 체언 단위는 동사 앞에 놓아 주어로 하고, 중국어는 동사 뒤에 놓아 목적어가 된다.

93) 한정에 대한 학계의 인식은 통일되어 있다고 말할 수 없는데, 한정에 대한 이해에 중요한 작용을 하는 것은 언어환경 요소라고 할 수 있다. 한정적인 단어가 대개 앞에 온다고 해서 어순이 주어를 결정짓는 것은 아니다. Li and Thompson은 비한정 명사구는 화자는 알고 있지만 청자는 모르는 실체를 가리키는 반면에 한정명사구는 화자와 청자가 모두 알고 있는 실체를 가리킨다고 했다. 한정성의 문제에 관해서는 박종한(1990), 이창호(1996)를 참조.

있는 공유지식'뿐만 아니라 '화자가 생각하기에 청자가 알고 있으리라고 가정하는 경우'까지를 포함한다.

　구정보의 요소는 대체로 한정성의 통사적 특성을 반영하고, 신정보는 비한정성의 특성을 나타낸다고 하지만, 목적어가 동사 앞이든 동사 뒤이든 '한정'일 수가 있는 경우가 있고(아래 예문 (29)(30)), '비한정'일 수도 있다.(아래 예문 (31)(32))

　(29) 我讀過『三國志』了.
　　　나는 삼국지를 읽어 본 적이 있다.
　(30) 『三國志』我讀過了.
　　　삼국지를 나는 읽어 본 적이 있다.
　(31) 甚麼書你最喜歡?
　　　어떤 책을 너는 가장 좋아하니?
　(32) 你最喜歡甚麼書?
　　　너는 어떤 책을 가장 좋아하니?

　우리가 한정을 이야기할 때의 판단 시점은 담화를 하는 가운데(혹은 읽는 중) 파악할 수 있고, 담화가 끝난 후(다 읽은 후)에도 파악할 수 있다고 본다. 목적어가 비한정을 표시하는 경우는 통상 다음과 같다.

　첫째, 동사가 자동사이고, 둘째, 목적어가 施事를 표시하고, 셋째, 목적어 앞에 수량사가 있는 경우이고, 넷째, 목적어가 고유명사일 수 없다.

　范開泰(1992)에서는 한정과 비한정은 화자하고만 관련이 있다고 이야기하는데, 사실 구정보 신정보는 화자, 청자 및 언어환경이 모두 관계가 있다. 張斌(1998:84)에서 제시한 예문과 설명을 보도록 하자.

　(33) 孫悟空曾大鬧天宮.
　　　손오공은 일찍이 천궁을 떠들썩하게 했다.

(34) 正方形有四條邊
　　　정방형은 4개의 변을 가지고 있다.
(35) 有一個字眼難認, 我把它寫出, 請你看看.
　　　한 글자는 아주 알아보기가 힘든데, 제가 그것을 써 볼 테니 한 번
　　　보세요.

　예문(33)의 '孫悟空'과 '天宮'은 실제의 인물이나 사물이 아니지만
화자는 청자가 가리키는 내용이 무엇인지 알고 있다고 예측한다.[94]
예문(34)의 '正方形'은 총칭적이고 한정에 속한다. 예문(35)의 '一個字'
는 비한정인데, 왜냐하면 화자는 상대방이 가리키는 것을 이해할 리
없다고 알고 있기 때문이다. 그러므로 이것을 한정으로 만들기 위해서
는 '有'를 앞에 놓아 해결한다. 뒤의 '它'는 오히려 한정인데 왜냐하면
화자는 상대방이 가리키는 것이 앞에서 제기한 그 글자라는 것을 알
기 때문이다. 이것을 동일지시(同指, coreference)라고 하는데 동일지
시도 한정에 속한다고 한다.[95]
　화제를 한정성과 연관시키는 것은 정보의 측면에서 바라보기 때문
인데, 이것은 의사소통의 관점에서 얻은 설명이다. 다시 여기서 '구정
보－신정보'가 '화제－평언'과 일치하는가를 살펴보도록 하자.

(36) 太不講道理, 這個人. (沈家煊, 1999)
　　　너무 이야기하는 것이 이치에 맞지 않아, 이 사람은.
(37) 我記不清了, 這件事. (沈家煊, 1999)
　　　저는 잘 기억하지 못하겠습니다, 이 일은.

---

94) 물론 화자와 청자의 '정보의 불일치 현상'이 있는 경우도 있다.
95) 張斌은 위의 예문 (35)에 나오는 '把'뒤의 '它'를 한정으로 보지만, 方梅
　　는 비한정으로 보고 있다. 이것은 학계에서 한정에 대한 인식이 일치하
　　지 않고 있다는 것을 말해주는 것이다.

화제를 문두에 놓지 않으면 그것은 특수한 상황이며, 화제를 문미에 놓는 것은 보충적인 것이고 일반적으로 아주 가볍게 읽는다. 화자는 어떤 성분을 강조하기 위해서 혹은 기타 목적을 위해서 신정보를 말의 기점으로 할 수도 있는데, 다음과 같은 문장은 '구정보-신정보' 어순 구성의 예외를 보여주고 있는 예문이다.

(38) 有一個小姐問我臺北火車站怎麼走.
    어떤 아가씨가 나에게 대북 기차역은 어떻게 가느냐고 물었다.

위의 예문 (38)에서 '有一個小姐'는 알려져 있거나 명확한 어떠한 정보도 지니고 있지 못하기 때문에 화제로 될 가능성이 적지만 문장의 출발점으로 쓰이고 있는데 청자의 관심을 끌기 위한 심리적 의도라고 볼 수 있다. '有'는 존재를 표시하고, '有'로 시작되는 문장은 신정보를 이끄는데 구정보는 언어환경에 함축되어 있다. 화제를 구정보라고만 보아서는 안 되며, 특정한 조건하에서 화제는 신정보일 수 있다. 아래 예문을 보자.

(39) 我看了, 他也看了.
    나는 보았고, 그도 보았다.
(40) 黨偉大, 人民偉大.
    당은 위대하고, 인민도 위대하다.

화제 '他', '人民'은 신정보를 제공하고 있는데, 이것은 두 개의 평언이 같은 조건하에서 비로소 가능하다. 즉 평언도 구정보가 될 수 있는 것이다. 두 개의 서로 이어진 담화의 평언이 서로 같고 화제가 다를 때 평언도 구정보를 표시할 수 있다. 또 다른 예문을 보자.

(41) a. 1991年洪災很大.

　　　1991년 홍수 재해는 아주 컸다.

　　b. 東北遭了大災, 安徽也遭了大災.

　　　동북은 큰 재해를 당했고, 안휘도 큰 재해를 당했다.

　만일 우리가 '화제＝구정보', '평언＝신정보'라는 견해에 따라 분석한다면, b의 두 개 화제 '東北', '安徽'는 모두 구정보이고, 두 개의 평언 '遭了大災', '也遭了大災'는 모두 신정보이다. 위의 예문에서 보듯이 화제는 구정보라고 간주하고 평언을 신정보라고만 간주하는 것은 실제에 부합하지 않는다. 이러한 언어환경에서 a는 이미 홍수 재해가 크다는 것을 알고 있다. 발화자 b의 예측에 의하면 화제는 '東北', '安徽'는 청자 a의 신정보이고, 두 개의 평언 '遭了大災', '也遭了大災'는 청자의 구정보이다. 바로 이러한 예측이 있기 때문에 b는 '東北遭了大災, 安徽也遭了大災'라고 말하는 것이다. 이것은 실제 이 두 개의 화제는 모두 구정보가 아니고 신정보이고, 이 두 개의 평언은 모두 신정보가 아니고 구정보라는 것을 설명한다. 담화에서의 또 다른 예를 보자.

(42) 郭夢琳: 不是. 每次從那兒過, 別人都在看着你, 就覺得不捐不行.

　　　　　아니요, 매번 거기를 지날 때, 다른 사람이 보고 있으니 기부하지 않을 수 없었을 겁니다.

　　主持人: 母親怎麼看這件事?

　　　　　어머니께서는 이 일을 어떻게 보시나요?

　　郝素玲: 有一種感覺就是挺感動的. 這孩子, 爲她這種行爲, 我就覺得感動.

　　　　　하나의 느낌은 아주 감동적이라는 것이다. 이 아이의 이러한 행위는 나는 감동적이라고 느낍니다.

　　　　　　　　　　　　　　　　(『實話實說』「郭教授的難題」)

위의 예문 '母親怎麼看這件事?'에서와 같이 구정보가 문미에 위치하는 경우를 보면, 화자가 먼저 말하고자 하는 내용, 즉 궁금한 내용을 먼저 이야기하는 경우에 '구정보-신정보'의 어순을 벗어나는 것을 볼 수 있다. 이렇게 담화 중간 중간에 '구정보-신정보'가 아닌 '신정보-구정보', '구정보-신정보-구정보'가 섞여 있는 것은 청자(독자)의 주의를 환기시키려는 화자(작가)의 '심리적 의도'가 있다고 생각된다. 또 다른 예문을 보자.

(43) 一個花盆突然樓上掉了下來. (史有爲, 1997)
    화분 하나가 갑자기 위층에서 떨어졌다.

의사소통 雙方에 있어서 이 비한정의 '一個花盆'은 신정보이고, 미리 설정한 것이 아니며, 雙方이 임시 제공하고 공동으로 인가한 구정보도 아니다. 이 문장은 단지 雙方에 대해서 전부 새로운 하나의 사실이다. 여기서의 '一個花盆'은 신정보인 화제가 된 경우이다. 이러한 예문으로는 다음과 같은 예를 더 들 수 있다.

(44) 一位醫生告訴我, 這種病有可能治癒.
    한 의사는 이 병은 치유할 가능성이 있다고 했다.
(45) 一天早上, 南京路上一家食品店裏來了一位奇怪的顧客.
    어느 날 아침, 남경로의 한 식품점에 이상한 고객이 왔다.
(46) 老通寶坐在塘路邊的一塊石頭上…….
    노통보는 제방길가 돌 위에 앉아……

위의 예문에서의 문두는 모두 신정보로 시작이 되고 있다. (44)(45)는 '미지, 비한정'이고, (46)은 소설의 개시발화문이고 작자는 당연히 '老通寶'는 독자에 대해서 말하자면 신정보이지만 독자는 '老通寶'가

소설 중의 이름이라는 것을 짐작할 수 있다. 그러므로 '미지, 한정'의 정보이고, '미지, 한정'이 화제가 되는 개시발화문은 뉴스 보도에서 자주 출현한다.

또 다음과 같이 개시발화문을 익숙한 화제로 이끌지 않고 비교적 낯선 화제로 시작함으로써 청자(독자)의 주의를 환기시키는 기능을 하기도 한다. 예를 들어 보자.

(47) 統籌方法, 是一種安排工作進程的敎學方法. (李晋荃, 1992)
    통수방법(통일된 계획을 세우는 방법)은, 일종의 일 진행을 배정하는 교육 방법이다.
(48) 現代漢語, 這裏指的是現代漢語民族共同語……(胡裕樹, 1987)
    현대한어, 여기서 가리키는 것은 현대한어 민족 공동어이다.

예문(47)의 화제는 과학 술어이고 청자도 아마 익숙하지 않을 수도 있어서 일반 장소에서 이렇게 사용하지는 않지만, 이러한 개시발화문은 단순 명쾌하고 문장은 단도직입적이다. 그러므로 어체를 이용하여 '간결'과 '실용'을 추구하고 이러한 표현방식을 상용한다. 이는 Grice가 제기한 원칙과도 부합한다고 할 수 있다. 청자가 지금까지 들어본 적이 없는 通指명사를 문장의 화제로 사용하는 경우는 드물지만 청자(독자)의 관심을 끌기 위한 의도로 사용하는 경우도 있다. 이것은 '표현효과'를 위해서는 화제를 꼭 구정보로 시작하여야만 한다는 것은 아니라는 것을 말 해주는 것이다.

牛保義(1999)에 따르면, 문장구조는 화자가 말을 할 때 청자에 대한 지식 및 인지상태(addressee's state of knowledge and consciousness)를 반영한다고 주장한다. 동시에 중국어의 화제는 평언과 관련이 있을 뿐만 아니라 절과 절 사이를 연결하는 작용을 한다. 그러므로 중국어 화제의 구조와 기능을 설명하려고 하면 그 절 내부 자체의 관계 및 지위를 연구하는 외에 그 절 간의 연접 기능을 관찰하여야 한다.

정리하면, IS의 모델이라고 할 수 있는 '구정보-신정보'의 구조가 반드시 '화제-평언' 구조와 일치하는 것은 아니다. 심리적인 요인이 작용하게 되면 단순하게 '구정보=한정', '신정보=비한정'의 등식으로만 성립하지는 않는다는 것을 알 수 있다. 화제와 평언을 연구하는 것은 문장이 표시하는 구정보와 신정보를 이해할 수 있고, 화자의 관심이 무엇인지를 알 수 있다.

屈承憙(1998)는 결국 문장의 내부 구조든 문장과 문장 사이의 외부 관계를 막론하고 그 의사소통 기능과 인지 의식은 모두 서로 관련이 있고, 하나의 언어현상을 설명하려고 하면 종종 다방면에서 착수를 해야 한다. 만약 한방향에서만 관찰한다면 얻는 결과도 종종 일방적일 것이라고 주장하였다.

이상에서 살펴본 바와 같이 문장을 분석할 때, '화제-평언'의 틀로 분석할 수 있지만, 화제, 평언 이외에 문장은 또 몇 가지 비기본적인 화용 성분을 가지고 있다. 그것들은 문장을 구성하는 필요 성분은 아니지만 우리가 주의할 필요가 있다. 중국어 문장에는 문장성분과 특정한 구조관계를 발생하지 않는 성분이 있는데, 주어, 술어, 목적어, 관형어, 부사어, 보어도 아니고, 그것은 독립적으로 특정한 의미를 표시한다. 이러한 독립된 문장성분을 독립성분[96]이라고 하고, 편의상 삽입

---

96) 독립어는 부름, 응답 혹은 감탄을 나타내는 것이 있고, 상대방의 주의를 일으키는 것으로는 '你聽', '你看', '你想', '大家知道', '衆所周知' 등의 어사가 있다. 상황에 대한 추측, 짐작, 분석, 보류의 말투를 함유하고 있는 것으로는 '看來', '看樣子', '充其量', '說不定' 등의 어사가 있고, 어떤 어사의 강조를 표시하는 것으로는 '尤其是', '特別是', '首先是'이 있다. 주석,

독립성분의 문형을 삽입어구 문형(插說句式)이라고 하는데, 보충 강조 설명 작용이 아주 명확하다. 예문을 보도록 하자.

> (49) 理想, 是的, 我又看見了理想.
> 이상, 그래, 나는 또 이상을 보았다.
> (50) 可是, 在這空中, 你看, 雲更濃了. (王福祥, 1989)
> 그러나 이 하늘에, 보시오, 구름이 더욱 짙어졌습니다.
> (51) 看樣子, 她是指揮交通的. (王福祥, 1989)
> 모습을 보니, 그녀는 교통을 지휘하는 사람이다.

문장에서 삽입하는 독립성분의 위치는 아주 고정적이지 않다. 그것은 문두, 문중, 문미와 횡선 형식 등 4가지 격식으로 나눌 수 있다. 어떤 삽입어는 상대방의 '관찰', '경청'을 유도하는 작용을 한다. 예를 들어 보자.

> (52) 你看, 長成多高, 我們到上邊去吧!
> 봐라, 만리장성이 얼마나 높은지, 우리 위로 가 보자!
> (53) 看哪, 他飄飄然然的似乎要飛去了! (魯迅 『阿Q正傳』)
> 봐라, 그는 득의양양한 것이 마치 날아가려고 하는 것 같지!
> (54) 親愛的, 你看, 今天我沒丟東西.
> 사랑하는 그대, 보시오, 오늘은 내가 물건을 잃어버리지 않았다오.

이는 담화 진행 중에 화제를 전환하는 역할을 한다고도 할 수 있다. 이러한 예는 중국어의 경우, '對了, ……', 영어의 경우에는 'By the way, ……'같은 것을 들 수 있다. 이것은 청자의 주의나 관심을 끌어

보충, 예를 듦 등을 표시하는 것으로는 '即', '例如', '比方' 등이 있다. 기승전결 작용을 하게 하여 요점이 분명하게 하는 것으로는 '總之', '由此可見' 등의 어사가 있다.

들이는 촉매의 역할을 한다고도 볼 수 있다. 어떤 삽입어는 일종의 긍정적, 확정적인 어기를 표시하기도 한다. 어떤 삽입어는 위아래를 연결하는 작용을 하여 문장이 분명하게 드러나게 한다. 독립성분은 화제와 같이 청자(독자)의 주의를 끄는 역할도 하고, 화제와 같이 문맥을 잇는 연결작용을 하기도 한다. 삽입어구 문형을 활용할 때 주의해야 할 것은 남용해서는 안 된다는 것이다. 삽입어는 문두나 문중을 막론하고 모두 화제와 평언으로 사용될 수 없고, 화제와 평언 부분으로 칠수는 없지만 문장에서 중요한 역할을 담당한다.

요약하면, 지금까지 기능적 접근 방법으로 '어순변화와 정보'를 다루었다. '구정보-신정보'에 의한 어순결정을 살펴보았는데, 이는 다시 말하면 PTS의 반영이라고 할 수 있다. '현실성의 원칙'에 의하여 나타나는 '신정보-구정보'를 보면, PTS와 중요 요소를 의도적으로 전치시키는 심리적 강조의도에 의해 나타나는 '중요 요소 전치 원칙'이라고 할 수 있다.

제4장은 '어순변화와 초점'에 관련된 문제이다. 여기서는 어순의 초점화를 살펴보고자 하는데, 어순의 담화 전략적 활용이라고 할 수 있다.

제 4 장

어순변화와 초점

  화제(topic), 초점(focus)은 정보를 전달하는 데 있어서 문장 의미를 완전하게 하는 보완적인 관계에 있다. 일반적으로 화자나 청자의 상호작용으로부터 추리해 낼 수 있는 표현은 초점으로 해석될 수 없으므로 화제는 어순 구성에 있어서 초점의 결정에 중요한 역할을 한다. 화제와 초점의 연구는 지금까지 소홀히 한 많은 언어현상을 밝히는 데 도움이 되고, 언어본질에 대한 인식을 깊게 할 수 있다는 점에서 그 효용성을 찾을 수 있으리라 본다.

  본 장에서는 화제와 초점을 연계해서 다루는데, 그 이유는 화제와 초점이 '정보전달'이라는 공통의 목적을 가지고 있기 때문이다. 우리는 화제와 초점을 연구함으로써 화자의 관심이 무엇인지 알 수 있고, 초점을 연구함으로써 화자의 '표현의도'를 이해할 수 있다. 상대방의 의도를 정확히 이해한다는 것은 중요한 일이다.

  중국어 어순에 있어서 구정보-신정보인가, 신정보-구정보인가를 분석하고, 화제, 평언을 나누고, 다시 초점을 파악하면 문장 이해에 큰 도움이 된다. 이는 정보를 전달하는 데 있어서 화자가 초점을 어떻게 전달하느냐가 아주 중요한 문제이기 때문이다. 초점은 강세를 포함하는 구성소로서 문법적으로 정의된다. 문장에서 문맥상 전제되지 않은 신정보를 나타내고, 질문에 대한 대답의 '적절성', 즉 어순 구성을 결정하는 데 있어서 초점이 중요한 역할을 한다.

  언어는 복잡한 심리과정의 반영이다. 의사소통을 진행하는 과정에는 화자가 담화 중 강조하여 표현하는 중점내용이 있기 마련이다. 강조는 초점의 실현과정에서 나타나는데, 화자의 심리적인 '강조의도'에 의해 구체적이고 다양한 방법으로 실현된다. 초점은 정보의 현저성을 표시하는 신정보로서 언어적인 표현 방법은 각기 다르다.97) 초점은 화자

---

97) 한국어의 경우 초점의 표현은 강세, 생략, 첨가, 어순의 유표형으로 나타

가 정보적으로 해석되기를 바라는 것으로, 전달 내용의 일부 또는 전부를 나타내는 일종의 강조라고 할 수 있다. 정보초점은 의미와 통사 두 계층의 다른 함의를 구분하게 된다. 우리는 중국어 초점의 연구를 통하여 중국어의 어순의 실제 응용에 대한 제시를 할 수 있다고 본다.

본 장은 화자의 담화전략(discourse strategies, 이하 DS라 칭함)과 연관된 부분이라고 할 수 있는데, 중국어 어순변화 연구는 어떠한 '효용성'을 갖는가를 살펴본다. 본 장은 중국어 어순의 기능적 접근[98]에 관하여 탐색을 하는 것이다. 다시 말하면, '어순의 실제적 활용'을 통한 강조표현 탐색에 중점을 두고 있다.

어순의 활용은 대체적으로 화용적인 원리에 의하여 지배된다. 우리가 화용적 각도에서 분석을 한다면 어떤 문장성분의 전치나 후치 같은 배열이 화용 요소의 영향을 받는다는 것을 알 수 있다. 중국어의 문법구조는 사유 발전의 필요에 따라 점차 풍부해지고 다양화되어 어순은 여러 가지 변화가 출현하게 되었는데, 이는 당연한 귀결이라고 볼 수 있다. 어순변화는 중국어 표현형식의 다양성의 특징을 반영하는 것이다. 어순변화는 통사 구조의 변화를 초래하고, 통사 구조의 변화는 논리관계, 의미 내용과 화용, 수사의미의 변화를 초래한다.

나는 경우가 많다. 戴瑞輝(1981)에 의하면 영어의 강조수단은 대체로 어휘, 어순, 구조와 기술 4가지로 귀납한다.

98) 朴勝允(1990: 12)에 의하면 기능론은 의미, 문장이 일어나는 담화상에서의 담화화용론적 요인 그리고 지각이나 인지 같은 인간적인 요소 등에 의거하여 문장의 형태를 설명하는 접근법이라고 말할 수 있다고 한다.

1. 어순과 초점

자연언어를 활용하여 의사소통을 진행하는 과정 중에 화자가 담화 중 강조하여 표현하는 내용이 의사소통의 중점이다. 이것은 이미 확정된 화제에 근거하여 자유롭게 결정하는데 일반적으로 문장의 초점과 어순을 통하여 결정된다. 초점은 중심을 표현하거나 중점을 표현하는 것이라 하는데, 초점은 담화에서 흥미를 느끼는 중심이고 화용적인 것이라고 할 수 있다.

가장 일찍 초점에 대해서 비교적 전면적으로 연구를 한 사람은 Halliday인데, 초점이 IS에 속한다고 생각하고 성조, 강세가 가장 현저한 성분이 바로 정보초점이라고 하였다. 초점은 우리가 의사소통 중에 표현하는 한 마디 말이나 한 문장에는 일부의 말이나 어떤 어사가 화자가 표현하는 중점이고 우리는 이 말이 표현하는 중점을 정보초점이라고 한다.[99] 언어 활용 중 정보초점은 직접 언어 단위의 배열 순서, 즉 어순에 영향을 준다. 화용론에서 보면 담화는 의사소통 과정 중에 어떠한 언어 단위가 모두 정보성을 가지고 있는 것이 아니고 공동의 배경 지식이 되는 부가된 정보의 언어 단위여야 정보성을 가지고 있는 것이다.

Jackendoff(1972:230)에 따르면 초점이란 화자가 자기와 공유하지 않는다고 추정하는 정보를 나타내는 부분으로서 화제의 보충어(complement)라고 주장한다.

화제와 초점을 살펴보면, 초점이 화제가 될 수 있지만, 화제가 반드

---

99) 초점에 해당하는 용어로서 프라그 학파에서는 '평언(rheme)'을 사용한다. 초점단위는 보통 문성분 또는 담화상황에 따라 특정 단어나 구, 문 전체가 될 수도 있다. 그러나 '평언=초점'의 등식이 언제나 성립하는 것은 아니다.

시 초점일 수는 없다. 초점이란 주어진 문맥이나 상황에서 상대적으로 두드러진 요소이자 신정보에 해당하는 요소로서, 문장 속에서 핵 음조가 놓여진 부분으로서 상대적으로 높은 세기를 받는 요소를 말한다. 초점의 성격을 기술함에 있어서 초점이 음운현상이라 주장하는 경우도 있지만, 초점은 화제에 부가된 새로운 요소로서 하나의 통사 구성 성분이다.

초점이 가진 특성에 대해서 살펴보면 다음과 같은 것을 들 수 있다. 첫째, 초점은 화자가 강조하고자 하는 요소이거나 새로운 정보의 양이 가장 많은 요소이다. 둘째, 초점을 가진 문장요소는 문두에 오거나 문미에 오려는 경향이 높다.[100] 셋째, 초점을 가진 요소가 둘 이상일 때는 강한 것은 문미에 오고 약한 것은 문두에 온다.

구어체에서 초점에 관한 정보는 대개 없으나 때로는 통사적 단서, 예를 들면, 어순, 전위, 분열문(cleft sentence) 등을 가진다. 초점은 질문의 어순을 이어받은 꼴로 나타나기도 하지만, 때로는 그 짜임새가 바뀐 꼴로써 나타나기도 한다.

Lambrecht(1986:156)는 여러 가지 유형의 초점구조의 차이를 완전히 설명하려면 초점구조 표시와 관련된 다음과 같은 문제들을 고려할 필요가 있다고 주장한다.[101]

① 강세를 통한 초점의 결정
② 문장에서의 초점의 위치

---

100) 화제의 위치는 문두에 오는 경우가 대부분이지만 문중, 문미에도 올 수 있어 유동적인 일면을 가지고 있다. 유동적인 면에 있어서는 초점과도 상통하는 면을 가지고 있다고 볼 수 있고, 초점이 문단 전체의 중심과 연관 짓는 경우 (예를 들면 '뉴스초점')도 있지만 본 논문에서는 제외된다.

101) 金守坤(1996)에서 재인용.

③ 초점과 그 초점을 보유한 NP의 문법적 역할의 관계

④ 초점 할당으로 인한 어순변화

⑤ 초점 할당을 나타내는 특별한 통사구조

본장에서는 ①④⑤에 중점을 두어 전개를 한다. 馮勝利(1997:115)에 따르면 언어의 일반 규칙은 문장은 초점의 다름에 의하여 1. 어휘초점 (Lexical Focus), 2. 구조초점 (Structural Focus), 3. 협의초점 (Narrow Scope Focus), 4. 광의초점 (Wide Scope Focus)으로 나눌 수 있다고 한다.

이를 살펴보면, 중국어에서 정보초점을 두드러지게 하는 수단은 주로 음운, 어휘, 통사 수단이라고 할 수 있다. 각각에 대하여 살펴보면, 어휘초점은 특수어휘를 통해 실현하는 초점이다. '我知道這件事'에 '只有'를 붙인 후, 문장의 초점은 주어에 집중이 된다. 예를 들면, '只有我知道這件事'이다. 구조초점은 특수한 통사 구조를 통하여 실현하는 초점이다. '張三打了人'에서 주어를 강조하려고 한다면 분열문을 사용하여 '是張三打了人'으로 표현한다. 협의초점이 가리키는 것은 의문문이다. 이러한 초점은 항상 의문 성분상에 집중된다. 광의초점은 전체 문장을 가리키고 문장의 어떤 성분이 초점이 되는 상황이 아니다. 아래의 대화에서 b의 대답이 광의초점에 해당하는 것으로 '구정보-신정보', '신정보-구정보'의 틀을 벗어나는 경우이다.

(1) a. '怎麼回事?!' (馮勝利, 1997)

어떻게 된 일이지?

b. '我放了一個炮仗.'

내가 폭죽을 터트렸다.

상술한 초점 유형으로부터 의문문과 기타 어구는 다르다는 것을 알

수 있다. 이것은 그 자신의 초점에서 결정하는 것이다. 의문문의 초점
은 의문점이고 그것은 미지 정보의 중심이다. 의문점은 항상 의문 대
사 혹은 'X不X'의 형식으로 표시한다. 'X'가 만약 판단동사 '是'나 조
동사라면 의문점은 그 뒤에 출현한다. 예를 들면 '是不是他'에서 의문
점은 '他'에 있고, '能不能來'에서 의문점은 '來'에 있다. 또 다른 예문
을 보도록 하자.

> (2) a. 你能明天走嗎?
>   너는 내일 갈 수 있느냐?
>   b. 你明天能走嗎?
>   너는 내일 갈 수 있느냐?

위의 두 예문은 '당신은 내일 갈 수 있느냐?'라는 의미를 가지고 있
는 같은 문장으로 오해하기 쉽다. 그러나 예문(2a)는 '明天'에 초점을
두고 묻는 말이고, 예문(2b)는 '走'에 초점을 두고 묻는 말이다. 즉 가
능성 여부를 묻는 '能……嗎?'의 형식에서 행동과 시간이 동시에 물음
의 대상이 될 때, 물음의 초점은 언제나 '能'의 바로 뒤에 주어진다.
예문(2a)는 또 상대방에게 청원하는 말로 '(오늘 가려던 계획을 하루
미루어) 내일 가면 안 되겠는가?'라는 뜻이 있으나 예문(2b)는 이런
의미는 없다.

Firbas는 어순 결정요인의 하나로 '의사소통의 역동성 혹은 동태 교
제치(Communitive Dynamism : 이하 CD라 칭함)'[102]라는 개념을 설
정하였는데, CD 정도는 CD의 기본 분포, 맥락, 의미구조의 세 요소로
써 결정된다. 그 세 요소에서 맥락이 제일 중요한데, Firbas가 말하는
맥락이란 발화 순간에 있어서 화자의 즉각적인 의사소통의 목표라고

---

102) CD는 문장의 각 요소가 정보전달에 기여하는 정도를 말한다.

말한다. 맥락 다음으로 의미구조가 중요하고, 그다음으로 중요한 것은 CD의 기본분포로서 이는 그 정도가 낮은 데에서 높은 데로의 진행을 말한다. Firbas의 이론은 화제-평언의 이분법에서 벗어나 보다 섬세한 CD의 분포로써 어순을 설명하므로 화제, 평언 내의 어순변화를 설명할 수 있는 장점을 가지고 있다. 혹자는 화제와 초점의 본질적 특성은 CD의 최저 정도와 최고 정도[103]로 보고, 구정보와 신정보의 전달 문제가 아니라고 하지만, 이것이 구정보와 신정보 사이의 구별 기준이 필요 없다는 것을 이야기하는 것은 아니다.

화자가 어떤 의미를 표현할 때 그중에는 늘 치중하는 것이 있다. 즉 틀림없이 자신이 표현하는 중점이 있고 자신이 강조하려고 하는 내용이 있다. 많은 언어에서 중요하고 새롭고, 예측 불가능한 내용을 가지고 있는 요소들은 문장의 후반부에 위치하고 있다. 대량의 언어 사실은 우리에게 이러한 중점과 강조 내용이 일반적으로 문장의 문미에 놓이게 된다는 사실을 보여준다. 이는 타 언어에서도 두드러지게 나타나는 언어의 공통 속성의 하나이다.

趙元任(1968: 48)은 "정상적인 상황하에서 문장의 주요 정보는 술어에 두어야 한다."[104]라고 했다. 이는 달리 말하면 '주요정보'가 뒤에 있다는 것이다. 즉 문미초점(end focus)이 된다는 것이다. 문미초점은 전용적 초점표기가 없고 어순과 관계가 밀접하다.

張斌(1998: 134)에 따르면, 중국어에서 정보초점을 표시하는 데는 여러 가지 방식이 있는데 예를 들면 강세를 이용할 수 있고, 어떤 부사를 사용할 수 있고,[105] 대비형식을 이용할 수도 있다. 가장 자주 보

---

103) CD는 문장의 각 요소가 정보전달에 기여하는 정도를 말한다. 이는 크게 두 가지 유형으로 나눌 수 있다고 본다. '저CD-과도기(transition)-고CD'와 '고CD-과도기(transition)-저CD'이다.

104) 在正常情況下, 句子的主要信息總是擱在謂語裏.

이는 방식은 어순 구성에 의한 것인데, 정보초점을 문미에 출현하게 하는 것이다. 왜냐하면 문미의 정보가 가장 주의를 일으키기가 쉽고 그것이 대표하는 박자도 가장 공명(共鳴)을 일으킬 수 있기 때문이라고 주장한다.

沈家煊(1999: 226-227)은 '線性增量' 원칙에 위배하는 문장은 비교적 특수하고 부자연스럽다고 했으나, 필자는 신정보로 청자(독자)의 주의를 환기시키는 경우도 있으므로 적절한 문맥이 주어진다면 CD가 일반적인 분포를 벗어나도 오히려 자연스러운 경우가 있을 수 있다고 본다.

중국어에서 문장 문미는 통상 문장 문미초점의 소재이고, 문장의 정보 코드 때문에 왕왕 구정보-신정보의 원칙을 준수하고, 문미에 가까울수록 정보내용은 새롭다. 사유 상호 간의 관계는 문장에 있어서 단어를 배열하는 데 영향을 미치는데,[106] 많은 언어에 있어서 중요하고 새롭고 추론 불가능한 내용을 담고 있는 요소들은 문장의 후반부에 위치한다. 문미 성분은 통상 문미초점이라 하지만, 모든 언어가 문미 성분이 문미초점이 되는 것은 아니다. 한국어의 경우, 초점은 문미 자리로 이동해 가기는 어려운데,[107] 이는 한국어의 경우 어순보다 조사나 어미가 문법적인 표현기능을 훨씬 크게 부담하고 있기 때문이다.

---

105) 아래는 부사로 초점을 표기하는 예이다.
　　a. 你找張三嗎? 他就是張三.　　b. 是張三把窗戶玻璃打碎的.
　　a는 '就', b는 '是'로 초점을 가리키고 있다. '就'는 초점 뒤에, '是'는 초점 앞에 사용한다. 그러나 '就'는 초점 뒤에만 오는 것은 아니다. 예를 들어, '就他來了.'와 같은 예문에서는 초점 앞에 쓰이고 있다.

106) 王占馥(1995)에서는 중국어 어순 결정요인의 하나로 '思序'를 들고 있다.

107) 왜냐하면 한국어는 특별히 예외적으로 쓰이는 경우를 제외하고는 문미에 술어가 오는 술어 중심의 언어이기 때문에, 술어가 중요정보가 아닐 때 술어 바로 앞 요소가 초점으로 될 가능성이 높기 때문이다.

화제와 초점을 살펴보면, 화제는 문중이나 문미에도 올 수 있지만 문두에 출현하는 경우가 많고, 초점은 문미에 출현하는 경우가 많다. 이는 달리 말하면, 어순 구성에서 화제와 초점 이 두 가지 요소가 문두와 문미에서 각기 중요한 역할을 담당하고 있는 것으로도 이해할 수 있다. 화제는 앞 문장과의 '연결'의 측면에서, 초점은 '중요정보의 전달'이라는 측면이 강하기 때문이다. 문두, 문미 자리는 전달 장면에서 중요한 기능을 담당하며, 특별한 문의 어순을 꾀하지 않는 이상 중요 요소는 문두, 문미 자리에 배치될 확률이 높음을 시사해 주는 것이다. 문두는 '주의 환기' 측면에서, 문미는 '기억 효과' 측면을 통해서 청자(독자)에게 강한 인상을 남길 수 있다.[108] 그러므로 문맥에 의거하여 문두초점인지 문미초점인지를 파악하여야 한다.

중국어도 초점이 문미에 처하는 추세라고 할 수 있지만, 구어와 문어에서의 경우는 다르다고 볼 수 있다. 왜냐하면 문어라면 작가의 의도가, 구어라면 화자에게는 Jespersen이 이야기했듯이 '현실성의 원칙 (the principle of actuality)'이 반영되기 때문이다. 여기서 말하는 현실성의 원칙은 PTS로도 이해할 수 있다. 구어에는 대립적인 어순원칙이 존재하는데, Quirk 등이 제기한 '문미초점 원칙'과 '중요요소 전치원칙'의 대립이다. 즉 구어 어순에서는 '정보량'이 가장 큰 성분을 문두(혹은 기타 정보량이 가장 큰 성분을 전치)에 놓고, 어구의 문미 부분에는 중요하지 않은 정보성분을 보충 서술하는 것이 일반적이다.

'현실성의 원칙'은 화자의 마음에 가장 먼저 떠오르는 대상을 이야기하는 것인데, 화자는 무엇보다 사고 속에 지배하고 있는 것을 먼저

---

108) 이기동(1992:366)에서는 Murdock의 실험 결과를 'serial position curve'로 제시하면서, 처음-50%, 중간-20%, 나중-99% 순으로 기억효과를 보인다고 한다.

표현하게 된다. 사실상 그 의식 속에 맨 처음 위치를 차지하고 있는 생각이 다른 생각들을 분리시키고, 그것을 다른 여러 생각들보다 앞에 놓는다는 것은 당연한 일이다. 이것은 어린아이들의 언어습관에서도 확인할 수 있다. 어린아이들의 경우 모국어의 아동 언어습관은 '평언－화제'에 먼저 익숙하게 되고, 나중에 '화제－평언' 구문을 많이 사용하게 된다고 한다.[109] 이것은 어린아이들의 경우 언어 구조 형식을 갖추려고 하는 의식적인 사고보다는 핵심을 먼저 전달하려는 사고가 우선적으로 반영되기 때문이라고 본다.

戴浩一(1988)은 '자연어순'과 '특이어순'의 문제를 제기하였는데, 자연어순은 감지를 기초로 하는 것이고 PTS에 부합하는 것이고, 특이어순은 화자의 흥미를 반영하는 것이라고 한다. 아래 예문을 보자.

　(3) 我打破了熱水甁
　　　나는 보온병을 깨뜨렸다.
　(4) 我把熱水甁打破了.
　　　나는 (그) 보온병을 깨뜨렸다.

예문(3)은 자연어순이 표시하는 초점은 '熱水甁'이고, 예문(4)에서 일정 수단을 통하여 특이어순이 표시하는 초점은 '打破'이다. 그러나 우리가 초점을 파악할 때는 언어환경에서 파악을 해야 한다. 언어의 구조는 화용에 따라 다른 분석이 있는데 심지어는 새로운 기능을 낳

---

109) 박근우(1992:142-3)는, 어린이에게 두 가지 분열문을 들려주었더니 wh－분열문보다 it 분열문이 이해되는 데 더 어려웠다고 하는 Hornby(1971)의 실험 결과를 들어 아마 이것은 두 구문에 있어서의 초점과 전제의 순서의 차이 때문인 것 같고, 어린이에 있어서 담화 원칙에 따른 어순을 가진 구문이 그렇지 않은 구문에 비해, 배우기가 쉬울 것이라는 점은 충분히 인정되기 때문이라고 주장한다.

기도 한다. 동일 어구의 의미가 다른 언어 환경 가운데 다를 수가 있다. 이러한 것은 모두 담화의 화용 특징이고, 어순의 화용 특징에 대한 고찰은 어순의 화용 고찰이라고 할 수 있다. 초점은 화자의 의도에 따라 그 놓이는 자리가 바뀌어 표현될 수 있다. 예를 들어, 단독의 문장으로 보았을 때는 '我打破了熱水甁'에서는 '熱水甁'이 초점이라고 할 수 있지만, '誰打破了熱水甁?'의 대답에서는 '我'가 초점이 되기 때문이다. 결국 어순은 자족적 수단이 아니고 초점과 연계하여 종합적으로 관찰하여야 실제적인 결론을 얻을 수 있다는 말이다.

초점의 정의는 비초점과 대비함으로써 명백히 밝혀질 수 있다. 주의할 것은, 초점이란 일반적으로 화자와 청자가 공유하지 못한다고 추정하는 정보를 나타내는 부분이지만, 공유하는 부분도 초점이 될 수 있는 경우이다.[110] 화제도 반드시 주어진 정보 또는 문맥적으로 수집 가능한 정보만을 전달하는 것이 아니고, 미지의 새로운 정보마저 전달할 수 있으며, 초점도 꼭 새로운 정보만 전달한다고 할 수 없는 것이다.

徐杰·李永哲(1993)은 '초점선택 서열'을 들고 있는데, "'是'강조의 성분→ '連/就/才'강조의 성분→수량성분→'把'자 목적어→기타 수식성분→중심성분→화제성분'의 순서이다. 그들에 의하면, 화제성분이 초점성분이 되는 가능성은 0에 가깝다고 하였다. 그러나 구정보 화제도 강조되는 경우가 있고, 앞서 이야기한 개시 발화문 등의 심리적 의도의 개입을 고려하면, 그리 낮은 것만은 아니라고 본다.

---

110) Rochemont & Culicover(1990:21)는 초점과 신정보 사이의 관계에 대해 어떤 경우의 초점은 새로울 필요가 없으므로 초점을 한결같이 '신정보'로 간주하려 한다면 그것은 잘못이라고 주장하면서 다음의 예를 제시하고 있다. 김수곤(1996)에서 재인용.
Who does John's mother like?
She likes JOHN/HIM.

화행(speech act)을 적절히 하고 문장을 정확히 해석하기 위하여 문장 내에서 초점이 갖는 기능은 아주 중요하다. Dik, Kuno 등의 기능주의자들은 언어현상을 형태보다도 담화위주의 기능을 토대로 연구하였는데, 기능주의자 가운데 Dik는 초점을 화용론적인 차원에서 주어진 문맥이나 상황에서 상대적으로 가장 두드러진 정보를 제공하는 구성소가 초점이라고 하여, 정보의 중요성과 관련하여 초점을 보았다. 화용 기능의 각도에서 초점은 상대적으로 중요하고 가장 두드러지는 언어정보이자 일종의 화용 기능이라고 보는 것이 적절하다.

언어학계가 통상 이야기하는 초점은 본질상 화용성의 담화 기능의 개념이다. 이론상 말하자면 초점은 문장의 어떠한 위치에도 존재할 수 있는 통사 구조의 성분이다. 당연히 언어 중 약간의 초점을 표시하는 형식수단이 존재할 수 있는데, 이것은 초점이 통사와 일정한 관계를 갖게 한다.

여기서 다시 '핵심초점'의 문제를 짚고 넘어가도록 하겠다.[111] 화자가 전달해야 하는 신정보 가운데 '전달 가치가 가장 높은 요소'가 있기 마련이다. 본 논문에서는 이를 '핵심초점(main focus)'이란 용어를 쓰는데, '초점 중의 초점'을 의미한다. 정보의 중요성 정도라는 점에서 보면, 신정보 안에서도 더 중요한 것과 덜 중요한 것이 있으며, 구정보 안에서도 정도의 차이를 발견할 수 있다. 이는 '구정보-신정보'라고 하는 양분적 차이가 아니라 상대적 중요도의 차이라는 것을 말하는 것이다.

아래 예문을 보자.

---

111) 왜냐하면 신정보가 초점의 영역(domain of focus)에 해당한다고 할 수 있지만, 신정보 안에서도 덜 중요한 것과 가장 중요한 정도의 차이가 존재하기 때문이다.

126

(5) 她是一個美麗的小姐.
  그녀는 아름다운 아가씨이다.

위의 예문에서 '美麗的小姐'는 하나의 수식구조이고 구조중심은 '小姐'이지만, 문장에서 표현하는 중점, 즉 핵심초점은 '美麗'에 있다.

范曉(1998: 25)에 따르면, 표현중심은 통사구조에서 표현 수요 때문에 설명에 치중하는 성분이다. 표현중심과 구조중심은 구별이 있는데, 구조중심은 통사평면에 속하고 고정적이다. 만약 定心구조와 狀心구조의 구조중심이 모두 동사에 있고, 동목구조와 동보구조의 구조중심이 모두 동사에 있다면 표현중심은 화용 평면에 속한다고 할 수 있다. 구조중심은 어떤 때는 표현중심이 될 수 있다. 예를 들면, 만약 '他跌得怎麼樣?'에 대해서 '他跌傷了'라고 답하면 표현중심, 즉 핵심초점은 보어에 있다. 만약 '他怎麼受傷的'에 대해서 '他是跌傷的'라고 답하면 표현중심, 즉 핵심초점은 동사에 있다. 이와 같이 표현중심과 초점을 연구하는 것은 화자의 '표현의도'를 이해하는 것을 도울 뿐만이 아니라 청자의 이해를 돕는 배려 측면도 가지고 있다고 본다.

다음은 '대비초점(contrastive focus)'에 관한 것이다.

강조는 화자가 주관적으로 부여하는 것이고, 신구는 객관적으로 존재하는 것이다. 문미초점은 문미의 자연 강세나 어조 핵심을 이용하여 표시하고, 대비초점은 대비강세를 사용하여 표시한다. 초점은 서면표시에서 통상 대비로 표시한다. 중국어에서 대비초점은 형식상 약간의 독특한 표현수단이 있다. 張伯江·方梅(1996:76)에 따르면, "대비초점 성분은 구어에서 늘 강제성 대비강세를 수반하고, 대비강세는 대비항을 두드러지게 한다. 음운수단 이외에 중국어에서 대비초점은 두 가지 통사수단으로 표현한다. 첫째는 非線性 성분을 이용하여 초점표기로 하고 직접 대비성분 앞에 붙이거나 '是……的' 격식을 이용하여 대비성분을 표현하는 것이고, 둘째는 어순변화를 통하여 문장의미 超常配位를 하여 피강조된 성분으로 하여금 非常規 위치에 놓는 것이다."라고 주장한다.

한 문장의 초점은 문장 의미의 중심이 소재한 곳이다. 方梅(1995)에서는 문미 초점과 대비초점의 근본적인 차이는 양자의 전제가 다르다는 데 있다고 하였다.

먼저 대비초점의 표현형식에 관한 예문을 보도록 하자.

(6) 這個人硬的不吃, 軟的也不吃. (張斌, 1998)
    이 사람은 딱딱한 것도 안 먹고, 연한 것도 안 먹는다.
(7) 我北京到過, 上海也到過. (張斌, 1998)
    나는 북경에도 가 보았고, 천진에도 가 보았다.

위의 예문 (6)(7)은 대비의 방식으로 초점을 가리키는 대비초점이다. 서로 대립되는 두 가지 사실을 대조적으로 서술하는 이러한 어순 구성 순서는 한국어의 경우와 동일하다. 대비초점과 관련된 또 다른 예문을 보자.

(8) 她管托兒所的事, 我管食堂的事.
    그녀는 탁아소의 일을 하고, 나는 식당 일을 한다.
(9) 托兒所的事她管, 食堂的事我管.
    탁아소의 일은 그녀가 하고, 식당의 일은 내가 한다.

위의 예문(8)은 일반적인 순서이고, (9)는 특수한 문장으로 바꿔서 피동자로 하여금 두드러지게 한 것이다. 어떤 사실을 나란히 열거할 때는 흔히 목적어 뒤에 '也'를 붙이고 술어 뒤에 '了'를 붙인다. 아래 예문을 보자.

(10) 飯也做了, 菜也炒了, 酒也買了.

　　밥도 했고, 요리도 볶았고, 술도 샀다.

(11) 鷄也飛了, 蛋也打了, 算全完了.

　　닭도 날아갔고, 계란도 깨졌고, 완전히 끝났다.(게도 구럭도 다 잃었다.)

　초점을 표시하는 데는 표기사, 즉 초점표지(focus marker)[112] 이외에 어순변화가 있지만, 어순변화는 일반적으로 직접 대비초점문을 만들지 않고 대비초점을 표현하는 주요 통사 수단은 초점표기를 하는 것이다. 대비초점은 문미초점과 같지 않고 정보 구성이 '구정보-신정보 원칙'의 실현에 적응하려 하는 것이고, 대비의 목적으로 강조에 치중하고 초점의 비상규 표현 형식이다.

　다음으로 살펴볼 것은 대비초점과 관련이 있는 어순의 문제이다. 方梅(1995)에서는 다음과 같은 예문을 들어 설명하고 있다.

---

112) 呂叔湘(1985)에서는 중국어에서 전문적인 초점표지는 '是', '是⋯⋯的', '⋯⋯的是'로 나타낼 수도 있다고 하였고, 徐杰・李永哲(1993)에서는 '是'자는 순수한 초점표지는 아니라고 하고, '是'는 '동사'라는 품사에 속하여 이 품사의 문법의 규칙을 따른다고 했다. 일정한 품사에 속하지 않으면서 순수하게 초점표지로만 쓰이는 문법단위는 존재하지 않고, '是'는 동사라는 문법단위의 속성 외에 초점성분을 표시해 주는 전문기능을 가지고 있다고 했다.
　중국어에는 '是⋯⋯的'나 '⋯⋯的是⋯⋯'구조로 초점을 두드러지게 하는데, '是⋯⋯的' 초점은 일반적으로 신정보, 즉 동사 앞의 성분에 있다. '是⋯⋯的'문 중 '是'와 '是⋯⋯的'는 대부분의 상황에서 생략할 수가 있지만, '강조'의 어기가 적어진다. 그리고 준분열문에 해당하는 '⋯⋯的是'식은 일반적으로 '是(由)⋯⋯的'식으로 서로 바꿀 수가 있다. 분열문이나 준분열문이 초점을 드러나게 하는 수단이 될 수 있지만, 두 가지 경우 모두 제약이 있다. 湯廷池(民國69年)는 문장의 기능유형으로 말하자면 명령문, 감탄문, 수사물음문, 引介句(presentative sentence), 기상문, '是'자문 등은 공통적으로 분열문의 유형이 출현할 수 없다라고 한다. 준분열문의 경우의 제약은 문장 기능, 문장 유형, 문장 성분, 정보 내용상의 제약은 분열문과 같지만, 기타 방면의 제약은 비교적 엄격하다고 했다.

(12) a. 這事老高有辦法. ［系事+施事+VP］

　　　이 일은 고형이 방법이 있다.

　　b. *老高這事有辦法. ［施事+系事+VP］

　위치 배치 원칙에서 출발하면 (12b)라고 말할 수 없는 원인은 아주 이해하기 쉽다. 왜냐하면 系事 성분 '這事'의 가장 적절한 위치는 문두 화제의 위치이지 주어 위치가 아니다. 그리고 주어가 되는 가장 적절한 선택은 施事이므로 (12a) '這事老高有辦法'라고 해야지, (12b) '老高這事有辦法'라고 말해서는 안 된다. 화제문에서 NP₁ + NP₂ + VP에서 NP₂ 의 施事性은 일반적으로 NP₁ 보다 강하거나, 혹은 NP₁ 의 受事性은 NP₂ 보다 강하다. 이러한 규칙적인 위치 배치에 의하여 조합하는 화제문은 상규문이고, 이러한 위치 배치 원칙을 초월하는 것은 문장이 대비항을 함유하고 있음을 의미한다. 또 다른 예를 보자.

(13) a. 飯館裏咱們不好說話. ［地點+施事+VP］

　　　호텔에서는 우리가 말을 하기가 좋지 않다.

　　b. *咱們飯館裏不好說話. ［施事+地點+VP］

(14) a. 零錢我買菜了. ［工具+施事+VP］

　　　잔돈은 나는 채소를 샀다.

　　b. *我零錢買菜了. ［施事+工具+VP］

　대비초점 어순과 관련해서는 趙元任(1979:번역본, 45)에서도 그 예문을 찾아볼 수 있다.

(15) 酒喝不喝?

　　술 마셔 안 마셔?

　答) 酒不喝, 煙抽.

　　술은 안 마시고, 담배는 펴.

 다음으로 살펴볼 것은 목적어의 위치와 그 의미이다. 하나의 동사가
술어가 되는 주술문에서 목적어는 대체로 아래의 몇 가지 위치, 즉 주
어 앞, 주어와 술어 사이, 술어 뒤(① 주어 ② 술어 ③)에 출현할 수 있
다. 문두 목적어①과 문중 목적어②는 합쳐서 '동사 앞 목적어(動前賓
語)'라 하고, 3번째 위치의 것은 '동사뒤 목적어(動後賓語)'라고 한다.

 문두 목적어는 일반적으로 한정성을 가지고 있고, 문중 목적어는 대
비의 성질을 가지고 있고, 술어가 단독 동사일 때는 항상 '대비항'을
말해야 한다. 그렇지 않으면 비문이 된다.

 아래 예문을 보자.

	A	B	C
(16)	* 我啤酒喝.	我啤酒喝, 白酒不喝.	啤酒我喝.
	나는 맥주는 마시는데, 소주는 안 마신다. 맥주는 나는 마신다.		
(17)	* 他大事管.	他大事管, 小事不管.	大事他管.
	그는 큰 일은 관여하고, 작은 일은 관여하지 않는다. 큰 일은 그가 관여한다.		
(18)	* 我衣服洗.	我衣服洗, 袴子不洗.	衣服我洗.
	나는 옷은 세탁하는데, 바지는 세탁하지 않는다. 옷은 내가 세탁한다.		

 A, B, C는 모두 단독 동사를 문미로 하지만, A식은 성립할 수가
없고, B식으로 바꾼다면 '대비항'을 말하게 되어 문장이 성립한다. 문
중 목적어를 함유하고 있는 문장은 늘 '대비항'을 말하는 것을 요구하
는데, 그렇게 되면 이러한 목적어의 '대비성'이 명확해지기 때문이다.
초점의 정의는 비초점과 대조함으로써 명백히 밝혀질 수 있고, 초점은
화자의 의도에 따라 그 놓이는 자리가 바뀌어 표현될 수 있다. 새로운
화제는 기존의 화제에 뒤이어 차례로 실현되어야만 자연스러워진다.

이때 실현된 화제는 의미 해석상 술어에 가까우면 가까울수록 대조의 뜻이 강해진다.

한국어의 경우, 화자가 대비 가능한 여러 요소들 가운데 하나를 드러내어 강조하려 할 경우 그 요소에 범위 한정사 '-는'을 첨가하고 강세와 쉼으로 대비적 의미를 표현한다.[113) 화제를 가진 문장에서 성분들이 재배치되면 동사 앞 위치에 놓이는 성분이 대비초점이 된다. 다음 예문을 보자.

> (19) a. 코끼리는 코가 길다.
>   b. 코가 코끼리는 길다.

위의 예문(19b)의 동사 앞 위치에 있는 성분은 강세에 의하지 않고 대비초점이 되는 경우이다. 그리고 서정수(1991)에 따르면, 한국어에서는 '있다'가 쓰인 경우의 주어는 대개 화제가 되지 못하는데, 이런 경우에 쓰이는 '있다'는 대비를 나타내는 것이 상례이다. 아래 예문을 보자.

> (20) a. 토끼 한 마리가 있다.
>   b. 토끼 한 마리는 있다.

화제초점과 대비초점은 모두 대비성을 가지고 있지만 정보기능은 다르다. 결국 문미초점, 대비초점과 화제초점은 각기 다른 특징을 가지고 있고, 통사 화용과 담화 연구에서 3가지 초점에 대해서는 구별을 해야 한다.

---

113) 望月圭子에 의하면, 일본 어학계에서 어떤 사람은 일어 'は'가 주격이외의 기타 격이 될 때 자주 대비의 의미를 표시한다고 한다.

　지금까지는 이제부터 이야기할 '어순의 활용', 즉 '어순의 초점화'를 풀어 나가기 위한 과정이었다고 볼 수 있다. 다음은 DS에 의한 의도적인 어순 배열에 관한 것인데, 어떠한 요인이 작용하는가를 탐색해 보고자 하는 것이다.

2. 문두 위치 초점화와 비문두 위치 초점화

　먼저 '초점화'에 대한 개념 정의를 하자면, 초점화는 정보성분을 조직하고 구성하는 과정이고, 의미성분과 통사성분을 화용 표현의 요구에 근거하여 결합하는 과정이라고 할 수 있다. 다시 말하면, 초점 요소를 보다 현저하게 드러내기 위하여 어순변화를 이용한 화자의 강조 의도의 구체적인 실현이라고 할 수 있다. 초점화는 화자가 활용할 수 있는 화용적 규칙이고, 어순을 의식적으로 바꾼다는 것은 그것을 초점화하는 것을 의미한다.

　'문두 위치 초점화', 즉 '화제화'는 구정보인 어떤 구성 요소를 발화의 개시로 하기 위하여 문두로 이동시키는 현상이고, 화제화가 된 요소는 앞 문장과의 연결 작용을 수행하기도 하고, 주의를 끄는 강조 역할도 한다. 이 경우 화제화와 초점화는 동시에 일어난다고 할 수 있다. 화제화의 위치는 문두로 고정되려는 경향이 있지만, 초점화는 상대적으로 위치선정이 자유롭다는 점이 다르다.

　'비문두 위치 초점화'는 '문두 위치 초점화', 즉 '화제화'를 제외한 경우를 말한다. 본 논문에서 다루는 범주는 주어와 술어 사이로 이동하는 '목적어 전치(object-fronting transformation),[114] 파자문(把字句),

---

114) 목적어 전치라고 하면 문두로 이동하는 경우도 있고, 주어와 술어 사이

도치문을 다루는 것이다. 도치문은 '주술도치', '관형어 후치', '부사어 후치' 등의 어순 구성을 통하여 초점화하는 것을 말한다.

3. 어순변화와 초점화

위치이동은 통사성분이 언어 활용 중에 표현의 수요에 의하여 그 정태적 위치를 이동하는 것이다. 변환의 목적은 강조만이 아니고, 대비 혹은 앞의 문장을 이어 뒤 문장을 연결하는 것이다. 본 절에서 다루는 변환의 방식은 '문두 위치 초점화'와 '비문두 위치 초점화'로 나누어 서술한다. '문두 위치 초점화'는 '화제화'를 말하는 것이고, '비문두 위치 초점화'는 전치이동과 후치이동으로 나눈다.

1) 문두 위치 초점화

목적어 화제화의 문장 예를 들면, '那個蘋果我吃了'를 어떻게 통사분석을 진행하고 그 문형을 확정하느냐 하는 것은 학자들 사이에 의견이 일치하지 않고 있다. 4가지 의견이 있는데 하나는 주술술어문으로 간주하는 것이고, 둘째는 'SV'식의 주술문으로 간주하고 원래의 목적어가 이미 화제가 되었고 이러한 문장에는 목적어가 없다고 생각하는 것이다. 셋째는 여전히 'SVO'로 간주하는 것인데 동사 뒤에 목적어가 '空位' 혹은 목적어가 전치이동 때문에 '생략'된 것으로 생각하는 것이다. 넷째는 'OSV'로 간주하는 것인데 목적어가 위치이동하여 화용 평

로 이동하는 경우도 있지만, 본 논문에서는 전자는 '화제화', 후자는 '목적어 전치'라고 구분한다.

면에서 화제가 되었다고 생각하지만 그 통사성질은 변하지 않고
'SVO'문의 일종의 어순변화[115]라고 한다.

초점의 문두 이동은 화자의 정보 재해석에 따른 의도적인 자리바꿈
으로서, 해당 초점에는 강세가 부여되기도 한다. 초점의 문두 이동은,
일반적으로 문두라는 자리가 담화의 화제가 나타나는 곳으로서 화자
나 청자 모두에게 주의를 환기시키거나 집중시키는 전달 기능상의 특
징을 바탕으로 한 의도적인 표현법이라 할 수 있다. 화제화는 화자의
주관적인 '표현의도'에 의한 문장의 일종의 화용 변화라고 할 수 있는
데, 이는 袁毓林(1996)이 주술문에서 주술술어문을 파생하는 과정은
명확한 화용 동기(pragmatic motivation)를 가지고 있다고 한 것과 맥
락을 같이한다. 그리고 '화제-평언' 구조는 파생문형이라고 할 수 있
지만 그것들이 중국어의 기본문형(fundamental sentence-pattern)이라
는 것을 부정할 수는 없다고 주장한다. 이는 다시 말하면, 중국어의
화제가 이동을 통한 변형규칙에 의해서만 생성되는 것은 아니며 한국
어의 경우와 같이 기저 생성되는 것도 있는 것으로 파악할 수 있다.
다음과 같은 예문을 들 수 있다.

  (21) 這事兒, 我也沒有辦法.
       이 일은, 나도 방법이 없다.
  (22) 這個女孩兒眼睛很大.
       이 여자애는 눈이 아주 크다.
  (23) 五個蘋果兩個壞了.
       다섯 개의 사과에서 두 개가 썩었다.

위의 예문과 같이 원래 문장 내부에 있던 성분이 이동을 한 것이

---

115) 范曉(1998)『漢語的句子類型』, 書海出版社. 308쪽.

아니고, 문두에 있는 성분을 동사 뒤로 환원할 수도 없는 경우이다. 환원할 수 있다는 것은 화제화의 하나의 특징이라고 할 수 있다.[116) 중국어 문장의 목적어가 구정보를 표시할 때 사람들은 그것을 문두로 놓아 OSV문형을 만드는 데 익숙한데, 상견되는 화제화 위치이동은 주로 동사 뒤의 목적어를 앞으로 위치 이동하는 것이다. 목적어의 각종 의미유형은 거의 모두 이러한 向前 화제화 위치이동의 상황이 있다. 아래 예문을 보자.

> (24) a. 我不喝酒了.
>   나는 술을 안 마신다.
>   b. 酒, 我不喝了.
>   술은, 나는 안 마신다.
> (25) a. 我明白這個道理.
>   나는 이 이치를 명백히 이해한다.
>   b. 這個道理, 我明白.
>   이 이치는, 나는 명백히 이해한다.

(24a)와 (25a)는 일반적인 서술문이고 특별한 강조가 없다. (24b)와 (25b)는 원래 受事를 문두로 전치하여 어순이 변하였고, 화제가 변하여 이 受事 성분을 강조하는 작용이 있다. '酒', '這個道理'는 문두에 위치하여 청자의 주의를 환기시키는 역할을 하고, '不喝', '明白'은 초점에 해당한다.

화제와 화제화는 문두에 위치할 수 있다는 공통점을 가지고 있다.

---

116) 그러나 모든 주술술어문이 역이동을 통하여 주술문으로 복원되는 것은 아니다.
　　一切辦法我都試過了. ＊ 我都試過了一切辦法.
　　甚麼話兒他都不想幹. ＊ 他都不想幹甚麼話兒.

그러나 화제는 구정보만이 아니라 신정보도 화제가 될 수 있지만, 화
제화는 신정보가 화제화가 되지는 않는 점이 다르다. Katz(1972: 423)
는 화제화는 청자의 추론에 입각한 전략이라기보다는 화자의 수사적
인 동기로 작용하는 전형적인 과정이라고 하였고,[117] 屈承熹는 화제
화가 중국어 어순변천의 큰 원인이라고 하였다. 朴勝允(1990: 25-7)은
화제화는 단순히 구정보를 문장 서두 위치로 바꾸는 일률적으로 통사
적인 작용으로 취급될 수 없는 복잡한 과정이고, 목적어를 문두에 놓
는 목적은 화제화를 통하여 청자의 주의를 끌고자 하는 심리의 반영
이라고 할 수 있다고 하였다.

Haiman은 어순배열의 첫 번째 보편원리는 화제를 문두에 배치하는
것이고, 두 번째 보편원리는 문두에 초점을 나열하는 것이라고 했다.
화제 어순이 초점어순에 우선적으로 적용된다는 것이다.

중국어의 경우, OSV와 같은 어순이 그러한 경우라고 할 수 있다.
그러나 동시에 적용되는 경우도 있는데, 이것은 화자가 강조적 의도를
가지고 문두로 초점화시키는 경우이다. 초점과 언어환경을 통한 어순
분석은 상호 보완적으로, 특히 초점을 통한 어순 분석은 화제를 통한
어순 분석으로 설명할 수 없었던 현상을 잘 설명할 수 있다.

영어의 경우는 주어가 현저한 언어이므로 변형 규칙에 의하여 도출
되는 것이다. 영어 화제 구조는 대부분 평서문에서 생기고, 중국어 화
제 구조는 어떤 형태의 문장에서도 보인다. 그렇지만 중국어 화제구조
와 영어 화제구조에서 가장 중요한 차이는 화제화가 중국어에서는 정
상적인 어순이지만 영어에서는 비정상적이라는 것이 다르다.

---

117) Katz(1972: 423)은 topicalization is a stylistic process that serves the
   rhetorical motivations of the speaker, rather than the putative
   interpretive strategies of the hearer. Julia Penelope(1982)에서 재인용.

   화제화의 한 유형으로 좌향전위(좌향이동)[118]에 의하여 화제를 유
표화시키는 경우도 있다.[119] 영어는 좌향전위의 경우 'as for', 'speaking
of', 'concerning' 등의 어구가 화제 앞에 오는 경우가 많다. 좌향전위
는 화제화와는 달리 문두의 주어가 화제가 될 때 그 화제 자체를 더
욱 뚜렷하게 하기 위하여 문두에 독립하게 할 수 있고, 문중이나 문
미에 있는 명사를 문두에 옮기고 원래의 위치에 대형(resumptive
pronoun), 즉 공지시적인 대명사를 복사본으로 남겨 화제를 중복 지
칭하는 것이다. 다음 예문을 보자.

   (26) 王先生, 我認識他.
        왕 선생, 나는 그를 안다.
   (27) 韓國人, 我非常了解他門的歷史與文化背景. (湯廷池, 民國77年)
        한국인, 나는 그들의 역사와 문화 배경을 잘 이해한다.
   (28) 還有一個戰士, 已經不可能知道他的名字了. (李晋筌, 1992)
        또 한 명의 전사가 있는데, 이미 그의 이름을 알 수가 없다.
   (29) 我們的部隊, 我們的戰士, 我感到他們是最可愛的人. (李晋筌, 1992)
        우리 부대, 우리의 전사, 나는 그들이 가장 사랑스러운 사람들이라
        고 느낀다.

---

118) '좌향전위' 혹은 '좌향이동'은 '複指式'이라고도 하는데, 이는 화제문의
     한 유형으로 강조 또는 문장의 간결성을 위한 것이다. 좌향이동의 문
     두에도 일반적으로 한정 명사성 성분이 출현한다.
119) 화제화문과 좌향전위문은 어떤 구성소를 정상 어순에서 이탈시킴으로
     써 화제도를 높이는 점에서는 마찬가지이지만 담화문맥에서 쓰이는 기
     능은 서로 다르다.
     English muffins I can eat every morning. They're just the right thing.
     English muffins은 화제화에 의하여 유표화된 명사구이고, 다음에 오는
     문에서도 대위의 예문에서 명사화하여 역시 화제의 기능을 하고 있다.
     그러나 좌향전위에 의하여 유표화된 명사구는 바로 다음에 오는 문에
     서는 화제의 기능이 지속되지 않는다. 다음 용례를 보자. Mary, I hope
     to meet her husband. *She is a very interesting person.

중국어의 경우, 영어와는 달리 유표화된 화제가 이어지는 문에서 화제의 기능이 지속될 수 있다는 점이 다르다.

李晉荃(1995)에 따르면, 화제화가 될 수 있는 통사성분은 비교적 많지만 모든 통사성분이 화제화될 수 있는 것은 아니라고 한다. 주어, 목적어, 관형어의 화제화는 가장 자주 보이는 것이고, 겸어나 중심어도 화제화가 될 수 있다. 기타 통사성분 가운데 어떤 것(예 술어)은 화제화가 될 수 없고, 어떤 것(예 부사어)은 아직 연구를 기다리고 있는 경우도 있다.120) 자주 보이는 화제화의 예문을 보자.

(30) 偸, 裝, 吹, 這的確是我們最容易犯的毛病.
　　　　　(t)
　　훔치고, 가장하고, 허풍떠는 것, 이것은 확실히 우리가 가장 범하기 쉬운 결점이다.
(31) 我們的戰士, 我感到他們是最可愛的人.
　　　　　　　　(t)
　　우리의 전사, 나는 그들이 가장 사랑스러운 사람들이라고 느낀다.
(32) 大哥, 我送了(t)一支金筆, 小妹吶, 只給了她一塊小手帕.
　　　　　　　　　　　　　　　　(t)
　　큰 형에게는 나는 만년필을 보냈고, 여동생에게는 작은 손수건을 주었다.
(33) 這稿子可以先給他看一看(t)校樣.
　　이 원고는 먼저 그에게 교정쇄를 좀 보여줘라.
(34) 孔乙己(被)打折了(t)腿了.
　　공을기는 맞아 다리가 부러졌다.
(35) 鐵打的江山也能叫它變個樣兒.
　　　　　(t)
　　굴할 줄 모르는 사람은 강산도 모습을 변하게 할 수 있다.

---

120) 한국어의 경우, 조사나 어미에 의해 어절 상호 간의 관계가 분명하게 드러나기 때문에, 엄격한 순서를 가지지 않고 자유로이 순서를 바꿀 수가 있으므로 부사어 화제화의 경우도 자연스럽게 이루어진다.

(36) 古籍書店, 我這本『詞典』確實在那兒買的.

          (t)

고적서점, 나는 이 사전을 확실히 거기서 샀다.

(37) 1949年, 他那時候還沒出生呢.

          (t)

1949년, 그는 그때 태어나지 않았다.

위의 예문(30)은 술어성 주어 화제화이고, (31)은 주술구의 주어 화제화이고, (32)는 간접목적어 화제화이고, (33)(34)는 목적어 중심어의 관형어 화제화이다. (35)는 겸어의 화제화이고, (36)(37)은 부사어의 화제화이다. 이 두 문장은 대략 부사어의 화제화가 객관적으로 존재하고 있다는 것을 증명할 수 있다. 그러나 문제가 없는 것은 아니다. (37) 중 '那時候'는 사용하지 않을 수 있다. 사용하지 않을 때 '1949年'은 위치 이동한 후에야 화제가 되는 것인지 아니면 그것의 원래 위치가 문두에 있는 것인지 말하기 어렵다는 것이다. 그 이유에 대해서 李晉荃은, 전통문법에서는 부사어의 원래 위치가 술어(혹은 동사, 형용사)의 앞이라고 생각하고, 위치이동을 통하여 비로소 문두에 온 것이고 '전치부사어'라고 한다. 어떤 문장을 막론하고 무릇 문두 부사어는 모두 '전치(전치이동에 상당)'로 보는 것은 부적합하다. 그러므로 부사어의 화제화는 번거롭고, 명확히 말할 수 없으며 아직 심도 있는 토론이 요구된다고 이야기하고 있다.

'施-動-受'의 문장에서 수동명사(受動名詞)는 일반적으로 직접 문두로 이동하여 화제화된다. 遍指 의미를 지닌 수동명사 전치이동은 강조를 표시한다. 이러한 遍指 의미를 지닌 수동명사는 앞에 일반적으로 '任何', '一切', '所有(的)'류의 수식어를 가지고 있고, 수동명사를 전치이동할 때 동사 앞에는 일반적으로 부사 '都' 등의 수식을 받고 말하는 범위 내에 예외가 없음을 표시한다. 아래 예문을 보자.

(38) 他知道一切事情.
    그는 모든 일을 알고 있다.
    一切事情他都知道.
    모든 일을 그는 다 알고 있다.

(39) 我認識這裏所有的人.
    나는 이곳의 모든 사람을 알고 있다.
    這裏所有的人我都認識.
    이곳의 모든 사람을 나는 모두 알고 있다.

(40) 我們不回答一切問題.
    우리는 모든 문제에 답하지 않는다.
    一切問題我們都不回答.
    모든 문제는 우리는 모두 답하지 않는다.

이 외에도 목적어 음절이 너무 길기 때문에, 앞으로 전치하지 않으면 매끄럽게 읽기(옮기)가 불편할 경우에 이동을 하여 화제화시키는 경우가 있다.[121] 이것은 전치 부분을 두드러지게 하는 것이고, 장문(長句)을 나누는 경우에도 유효하게 활용할 수 있다. 아래 예문을 보자.

(41) a. 你們大概已經收到送給你們的兩個模範鄕的小册子了吧. (偉世林, 1994)
      당신들은 아마 당신들에게 보내 준 두 개의 모범 향의 팸플릿을 받으셨죠?
    b. 送給你們的兩個模範鄕的小册子, 你們大概收到了吧.
      당신들에게 보내 준 두 개의 모범향의 팸플릿은, 당신들은 아마 받으셨죠?

예문(41a)는 정치문(목적어가 술어의 뒤)이고, (41b)는 목적어가 술

---

121) 이는 리듬조화를 추구하는 중국어 풍격의 반영이라고 본다.

어의 앞으로 어순 변환하여 화제화된 것이다. 위의 정치문과 같이 지나치게 긴 목적어는 두드러지게 하기 어려워 화제화를 낳는다. 장문을 둘로 나누면 목적어를 부각시킴은 물론, 주의를 끌고 읽기에 낭랑하여 사람들로 하여금 경쾌하고 유쾌한 리듬감을 갖게 한다. 이것은 張斌(1998)이 언어 방면에서 안정이나 불안정의 느낌은 주로 리듬초점(節奏焦點, rhythm focus)에서 오고, 리듬초점과 정보초점(information focus)은 통상적으로 일치한다는 관점과도 부합한다.

　그러므로 우리가 여기서 생각해 보아야 할 것은 비문 여부의 문제라기보다는 어느 표현이 더 중국인의 사유와 습관에 들어맞고 보편적인가, 즉 중국어 풍격을 생각해 보아야 한다는 것이다. 또 다른 예문을 보자.

(42) ?他賣掉了那批祖上傳下來的無比珍貴的古書古畫. (沈家煊, 1999)
　　　那批祖上傳下來的無比珍貴的古書古畫, 他賣掉了.
　　　그 조상 대대로 내려온 진귀한 고서와 고화는, 그가 팔아 버렸다.
(43) a流溢着革命激情的小說『靑春之歌』, b 我已經讀過兩遍了.
　　　혁명의 격정이 흐르는 소설『청춘의 노래』는, 나는 이미 두 번을
　　　보았다.

　위의 예문(43)에서 만약 ba순서라면 읽기 불편하다는 것을 알 수 있다. 이는 리듬조화의 추구와 강조의 의도가 함께 작용하는 경우라고 할 수 있다. 이것은 일반적으로 긴 성분이 뒤로 이동하는 경우, 예를 들면, 관형어나 부사어의 후치 경우와는 다르다. 목적어를 문두에 놓는 목적은 그것을 화제화하고 사람들의 주의를 집중시키기 위한 것이지만, 그렇다고 목적어 화제화 위치이동이 제한을 안 받는 것은 아니다. 화제화를 제약하는 요소는 통사요소, 의미요소, 화용요소가 있고 이들 요소 간에는 상호 복잡한 상황이 나타난다.

李晋荃(1995)에 따르면, 통사 성분의 화제화는 통사 성분이 그 원래의 위치를 떠나 문두로 전치 이동을 하여 화제가 되는 것이고, 일종의 화용변화라고 하였다. 그는 통사성분의 화제화로 다음과 같은 특징을 제시하고 있다. 통사 성분은 앞으로 위치이동, 즉 문두로 이동해야 한다. 위치이동하지 않고, 뒤로 위치이동하거나 전치이동일지라도 문두의 통사 성분으로 이동하지 않으면 모두 화제화를 구성하지 못한다고 한다. 아래 예문을 통하여 화제화 구성여부를 보도록 하자.

(44) 他昨天已經看過這部電影了.
　　 그는 어제 이미 이 영화를 보았다.
(45) 他已經看過這部電影了, 昨天.
　　 그는 이미 이 영화를 보았다, 어제.
(46) 他, 這部電影昨天已經看過了.
　　 그는, 이 영화를 어제 이미 보았다.
(47) 這部電影, 他昨天已經看過(t)了.
　　 이 영화는, 그는 어제 이미 보았다.

(44)는 모든 성분이 위치이동을 하지 않고, (45)는 '昨天'이 후치이동, (46)은 '這部電影'이 전치이동하여 문두에 가지 않아 통사성분 화제화를 구성하지 않는다. 오직 (47)의 '這部電影'이 전치이동하여 문두로 가서 화제가 되어 비로소 목적어의 화제화를 구성한다.

통사성분의 정보 내용을 살펴보면, 화제는 꼭 구정보를 가지고 있고 무릇 신정보를 가지고 있는 통사성분은 모두 화제화가 될 수 없다. 목적어가 되는 어사가 표시하는 것은 필히 확정적이거나 총칭적이어야 하므로 여기서 또 한정의 문제가 뒤따른다. 그렇지 않으면 목적어 화제화 위치이동은 허가되지 않는다. 아래 예문을 보자.

(48) a. 我昨晚做了一個夢.

　　　나는 어제 저녁 꿈을 꾸었다.

　→b.* 一個夢我昨晚做了.

(49) a. 我喝了一杯果汁.

　　　나는 과일 주스 한 잔을 마셨다.

　→b.* 一杯果汁我喝了.

위의 예문(48b)(49b)의 '一個夢', '一杯果汁'은 확정적이 아니고 총칭적인 것도 아니기 때문에 비문이다. 또 다음 용례를 보도록 하자.

(50) a. 我交給了老師那本書.

　　　나는 그 책을 선생님께 건네 드렸다.

　　b. 那本書我交給老師.

　　　그 책을 나는 선생님께 건네 드렸다.

위의 예문(50a)는 문법상으로는 비문이 아니지만 들어보면 부자연스러워 예문 (50b)만큼 자연스럽지 못하다는 것을 알 수 있다. 湯廷池에 따르면, "더욱 명확히 말하자면 중국어의 기본어순은 'SVO'이지만, '구정보에서 신정보'의 보편성 화용원칙(universal pragmatic law)에 부합하기 위하여, 구정보를 대표하는 목적어를 동사의 앞이나 문두로 이동하여 정보초점(information focus)을 문미의 동사에 둔다. 결과적으로 'SOV'이나 'OSV' 같은 비교적 특수한 어순이 생기게 되었다."[122] 라고 주장하였다.

---

122) 更明確的說, 漢語的基本詞序本來是'主動賓', 但是爲了符合'從舊信息到新信息'的普遍性語用原則(universal pragmatic law), 要把代表舊信息的賓語名詞移到動詞的前面或句首, 幷把'信息焦點'(information focus)放在句尾的動詞. 結果就產生了'主賓動' 或'賓主動' 這種比較特殊的詞序. 湯廷池(民國77年), 『漢語詞法句法論集』, 臺灣學生書局印行, 463-464쪽.

지금까지 화제화, 어순변화에 의한 초점화를 살펴보았다. 중국어의 경우 통사상 목적어 화제화 위치이동은 비교적 자유로운데, 중국어의 'SV'구조, 즉 주술구조는 일반 상황하에서 이미 자립할 수 있는 통사구조이기 때문이다. 실질적으로 어떤 명사구가 쉽게 화제화가 되는 이유는, 화제화는 독자 쪽의 '해석의 편의'를 위한 이유도 있지만, 정보를 표현하는 데 있어서 화제화는 '현실성의 원칙'이 강하게 작용하는 동시에 화자의 '심리적인 동기', 다시 말하면 '강조'나 '대조'의 기능이 복합적으로 작용하여 어순 구성이 이루어지는 것이라고 본다.

다음으로 살펴볼 것은 '비문두 위치 초점화'와 관련된 문제이다.

2) 비문두 위치 초점화

劉鑫民(1995)은 중국어 어순은 명확히 초점표현의 영향을 받는데, 초점성분을 두드러지게 하기 위해서는 언제나 성분의 선형 위치에 대한 특정한 구성을 하는 것이 필요하다고 한다. 이는 달리 말하면 성분이 가지고 있는 정보심리 중요성의 대소는 그것이 서열 중 출현하는 위치에 영향을 준다는 것이다. 그러므로 중국어 어순 연구가 만일 통사적 각도에서만 고찰한다면 어떤 때는 정확한 설명을 하기가 어렵고, 정보의 표현과 결합해야만 합리적인 답안을 얻을 수 있다고 주장한다.

본 절에서 살펴볼 것은 전치이동과 후치이동에 관한 것인데, 전치이동에 관해서는 '목적어 전치'에 의한 초점화, '파자문(把字句)'를 고찰하고, 후치이동에서는 '주술도치, 관형어 후치, 부사어 후치'를 통한 '어순의 활용'을 살펴보도록 한다.

① 전치이동

목적어 전치의 일반적 상황은, 하나는 문두에 전치하는 것으로 앞에서 다루었던 '화제화'이고, 또 하나는, '我一個字沒說', '他一口水沒喝'과 같이 중심어 앞에 두는 것이다. 여기서 우리가 생각해 보아야 할 것은 '목적어 전치'와 강조에 의한 '고정격식'의 문제이다.

먼저 '목적어 전치'의 경우를 보도록 하겠다. 목적어 전치 변형(object-fronting transformation)은 줄곧 문법상 논란이 가장 많고 해결하기 어려운 문제의 하나이다. 목적어는 왜 전치하는가?

陳妹金(1996)에 의하면, 중국어의 주어는 늘 이미 알고 있는 구정보의 화제이고, 목적어는 늘 미지의 신정보를 대표한다. 그러므로 목적어의 위치는 일반적으로 문미에 위치한다. 목적어가 대표하는 것이 이미 알고 있는 구정보이고, 정보 足量 원칙과 문미초점과 부합하지 않을 때 목적어는 이동이 발생한다고 한다.[123]

초점을 두드러지게 하는 방법은 어순을 이동하여 초점화를 시키는 방법만이 있는 것은 아니다. 초점의 표지(signal of focus)라고 할 수 있는 '강조어'나 '강조격식'을 빌려 강조구문(emphatic construction)을 만들 수도 있다. 특정 조건하에서 동사의 목적어는 동사의 앞에만 출현하는 경우가 있는데, 胡裕樹(1987:389-390)는 이에 관하여 언급하고 있다. 동목구에서 동사가 앞에, 목적어는 뒤에 오는 순서는 고정적이지만, 일정 조건하에서는 동목술어문의 목적어가 동사의 앞에 나올 수 있는데 다음과 같은 경우이다.

첫째, 목적어가 의문대사이고 부사 '都' 혹은 '也' 등과 결합하는 경우이다. '임의지시를 표시하는 의문대사 + 동사', '一……不/沒有'는 강

---

123) 陳妹金(1996)「賓語的漂移」『중국언어연구 제4집』, 중국언어연구회, 168쪽.

조격식의 구문이라고 할 수 있다. 아래 용례를 보자.

  (51) 我哪兒都不去. (胡裕樹, 1987)
     나는 어디에도 가지 않는다.
  (52) 他甚麼都不知道.
     그는 아무것도 모른다.
  (53) 他誰都不理睬.
     그는 누구도 관여하지 않는다.
  (54) 他甚麼事都知道.
     그는 무슨 일이든지 잘 안다.
  (55) 他甚麼也不明白.
     그는 아무것도 명백히 알지 못한다.
  (56) 他甚麼地方都到過.
     그는 어떤 곳도 가 보았다.

  이때 의문대사는 의문을 표시하지 않고 임의 지시를 표시하고 술어
동사는 일반적으로 부사 '都'나 '也' 등의 수식을 받고 말하는 범위 내
에 예외가 없음을 표시한다. 위와 같은 예들은 목적어 전치라기보다는
고정적인 하나의 격식으로 보는 것이 타당하다고 본다. 예를 들어, '他
甚麼都不知道'라는 말을 '他都不知道甚麼'라고 하면 억지의 감이 있기
때문이다.

  둘째, 목적어 앞에 '一'가 있고, 뒤에는 부정을 표시하는 부사 '不'
혹은 '沒', '沒有'가 있어 '一……不(沒有)'격식을 구성하는 경우이다.
다음 예문을 보도록 하자.

  (57) 我一個人都不認得. (胡裕樹, 1987)
     나는 한 사람도 모른다.

(58) 他一部外國電影也沒看過.

그는 외국영화를 한 편도 본 적이 없다.

(59) 我一分錢也沒有帶.

나는 한 푼도 가지고 있지 않다.

(60) 小王一本書都沒有買.

왕 군은 책을 한 권도 사지 않았다.

이러한 문장은 수사 '一' 앞에 또 '連'을 붙일 수가 있다. 강조 의미는 '連' 단독으로 표현하는 것이 아니고 '連……也'의 격식으로 표현한다. '連'은 뒤의 명사나 구의 작용을 두드러지게 한다. 중국어에서 거의 모든 문장성분은 '連'이란 단어로 강조할 수 있다. '連'이 강조를 표시하는 것은 약간 늦은데 宋代에서 시작되었다.[124] '……조차 모른다', '……도(……마저)……지 않는다', '……보다도 못하다' 등의 형식을 중국어로 말할 때 목적어가 동사 앞에 온다. 목적어를 동사 앞에 사용하면 목적어 위치만 변화시킨 것이고, 동사와 목적어 사이의 구조관계를 변화시키는 것은 아니다. 아래 예문을 보자.

(61) 我連一個人也不認得.

나는 한 사람조차도 모른다.

(62) 他連一部外國電影也沒看過.

그는 외국영화를 한 편조차도 본 적이 없다.

(63) 小王連一本書都沒有買.

왕 군은 책을 한 권조차도 사지 않았다.

(64) 你連這個都不知道嗎?

너는 이것조차도 모른단 말이냐?

---

124) ［日］太田辰夫 著 蔣紹愚·徐昌華 譯(1987) 『中國語歷史文法』, 北京大學出版社. 251쪽.

(65) 你爲甚麼連面子都不顧呢?

너는 왜 체면조차도 돌보지 않니?

(66) 連小孩都不如的家伙.

어린아이보다도 못한 녀석.

'連'은 강조어이고 초점 앞에 사용하여 그것을 두드러지게 한다. '連' 뒤의 성분은 대비성 화제이고, 대비를 표현하는 데 사용한다. '連'의 작용은 전치목적어를 강조하는 것이라고 할 수 있다. 다음 예문을 보자.

(67) (遊擊隊)連影兒也沒有見. (沈開木, 1988)

(유격대는) 그림자조차 보이지 않는다.

(68) 連自己的命運還不能安排. (還能左右乾預他人嗎?) (沈開木, 1988)

자신의 운명조차도 배정할 수 없으니, (또 타인에게 관여할 수 있겠는가?)

위의 예문에서 '連'자는 강조의 문법의미를 표시할 수 있다. 예문 (67)은 초점(중심) '影兒'를 강조한다. 예문(68)은 초점 '自己的命運'을 강조한다. '連'자가 강조하는 대상은 초점이고, 통상 그 뒤의 명사성 통사성분에 긴밀히 연결되고 항상 주어이다. 그러나 주의할 것은 '連' 뒤의 성분이 항상 강조되는 것은 아니다. 예를 들면, '連A都沒(不)A' 혹은 'A都沒(不)A'의 격식에서 A는 동사이고, 이러한 격식을 써서 부정부분을 강조한다. 아래 예문을 보자.

(69) 她連看都沒看, 就把信撕碎了.

그녀는 보지도 않고 편지를 찢어 버렸다.

(70) 我做的菜, 她連嘗都不嘗.

내가 만든 요리는, 그녀는 맛조차 안 보았다.

위의 예문(69)에서는 '沒看'을 강조하고, 예문(70)에서는 '不嘗'을 강조하는 것이다.

셋째, 목적어가 의문 대사가 아니더라도 전체 문장이 열거의 형식이면, 절 중의 목적어는 동사의 앞에 올 수 있다. 다음 예문을 보자.

(71) 老王上海也去過, 廣州也去過, 南方各大城市都去過. (林學良, 1987)
왕 형은 상해에도 가 보았고, 광주에도 가 보았고, 남방 대도시에도 가 보았다.

胡裕樹에 따르면 형식적으로는 병렬된 항이 없더라도 의미상 말하고자 하는 것이 하나 이상인 경우에는 '我上海也到過'와 같은 문형을 사용할 수 있다고 한다. 그리고 위의 세 가지 형식의 공통점은 목적어가 총칭적 의미이고 강조가 되고 있는 것이다. 黎綿熙, 王力, 呂叔湘도 '我上海也到過, 天津也到過, 幾個大商埠都到過.'와 같은 예문을 목적어 전치라고 보았지만, '老王也去過上海, 也去過廣州, 都去過南方各大城市'라고 말하면 안 되니[125] 목적어 전치라기보다는 강조격식으로 보는 것이 적합하다고 본다.

위에서 살펴본 바와 같이 구어에서 하나의 고정격식(언어의 습관상 이미 고유의 구조형식이 된 것)으로 간주할 수 있는 목적어 전치문의 경우에는 비교적 생기 있고 강조적인 표현이라 할 수 있다. 이러한 구문을 적절히 사용하면 언어의 '표현효과'를 거둘 수 있을 것이다. 청자나 독자들의 주의를 끈다는 점에서 보면, '화제화'나 '목적어 전치'가 '심리적 요인'에 의한 어순 구성이라는 점에서는 동일하다.

다음으로 살펴볼 것은 '파자문(把字句)'을 통하여 이루어지는 어순

---

125) 이 문장은 '老王去過上海, 也去過廣州, 南方各大城市都去過'라고 고쳐야 맞는다.

150

의 담화 전략적 표현효과이다.

  파자문이란 이 문형의 사용은 비교적 복잡하고, 외국인이 중국어 학
습 시 난점 중의 하나로 작용하기도 한다. 구어에서는 사용을 꺼리고,
작문에서는 어떤 상황과 조건하에서 사용해야 하는지 모르는 경우가
많고, 설사 사용해도 오류가 많다. 예를 들면, 한국어의 어순 SOV에
익숙한 학습자들이 그들 사유방식의 영향으로 한국어의 문법습관을
중국어에 잘못 적용하는 데서 오는 것을 들 수 있다. 즉 '把'와 한국어
의 조사 '을, 를'을 문법적인지 아닌지를 고려하지 않고 기계적으로 적
용시키는 경향이 있다.

  한국어의 경우와 같이 SOV 어순을 가지고 있는 일본어의 경우에도
중국어 '把'에 해당하는 격조사 'を'가 있어서 일본어를 모국어로 하는
중국어 학습자들 역시 파자문의 사용에 많은 오류를 범하기도 한
다.126) 이와 같은 현상은 '부정전이' 현상이라고 할 수 있다. 학습자는
알게 모르게 모국어의 규칙을 끌어와 목적어(target language)의 정보
를 처리하는 경우가 많이 있다. 이와 같이 '중간언어'와 '모국어' 그리
고 '목적어'와는 밀접한 관계를 가지고 있음을 알 수 있다.

  徐子亮(1999)에 따르면, 정보 접수, 듣거나 읽을 때, 모국어로 번역
하고 다시 이해하는 학생은 조사 총수의 75%를 점하고, 표현을 듣거
나 읽을 때 먼저 모국어로 생각하고, 다시 중국어로 번역하는 경우는
조사 대상 총수의 85%를 점한다. 이로 말미암아 모국어를 차용하는
것은 외국 학생이 활용하는 일종의 중요한 중국어 학습 전략127)이라

---

126) 狄昌運 編 [日]岡田勝 譯(1997)에서는 그러한 예들을 제시하고 있다.
   이들 오류문장은 언어 방면의 잘못을 가지고 있는데 일정한 보편성을
   가지고 있다. 어순과 관련된 것 몇 가지를 들어보면, 이합사의 문제,
   목적어 위치 방면의 오류, 부사어 위치 방면의 오류, 결과보어 위치 방
   면의 오류, 파자문, 施受 관계 혼란 방면의 오류 등등을 다루고 있다.

는 것을 알 수 있다고 했다. 학습 전략은 인지 전략의 외재적인 표현이고, 모국어를 차용하는 것은 일종의 수단인데, 그 목적은 정보 부호화 및 모국어를 이용한 실마리로 목적어(target language)의 언어정보를 취하는 것이라고 주장한다.

Jepson(1985)은 15명(1.9세-4.2세)의 북경 현지 아동이 중국어를 습득하는 과정을 조사하였는데, 그에 따르면 파자문은 아주 늦게야 할 줄 아는 구문이라고 하고, 대다수의 아동이 사용하는 절대 다수의 기본어순은 SVO이고, 파자문의 구조를 SVO 어순의 방식으로 표현한다고 했다.[128] Erbaugh도 어린이들이 어른에 비해서 목적어 표지인 OM 구문(OV어순)을 사용하는 빈도가 훨씬 낮다는 것을 발견했다.[129]

파자문은 유표기 어순으로 간주되므로 외국인 중국어 학습자들에게만 아니라, 모국어 학습자들에게도 주의를 요하는 구문이다. 담화 중 다음과 같이 파자문 사용에 있어서의 '말실수(speech error)'도 드러나고 있다.

(72)* 把這件事情把它好好地做好.

이것은 대뇌 속에 '把這件事情好好地做好, '把它好好地做好'란 두 가

---

127) 혹자는 외국어를 잘 습득하려면 모국어의 습관을 버려야 한다고 주장하는 경우도 있지만, 그 반대의 경우, 즉 긍정전이도 있다. 이를 위해서는 먼저 모국어의 간섭으로 인하여 생기는 오류가 어떤 것이 있는가를 파악하는 것이 필요하다고 본다.

128) 魏岫明(132-133)에서 재인용.

129) 필자가 1시간 분량의 CCTV 토크쇼 프로그램 『實話實說』「假如我是爸爸媽媽」에 출현한 어린이들(출신지역－北京(1), 湖北(1), 南京(1), 上海(3), 江蘇(1), 浙江(1), 江西(1), 長春(1), 板廠(1))을 대상으로 한 조사에 의하면, 파자문를 사용한 경우는 지역에 관계없이 오직 한 번만 출현하였음을 보아서도 알 수 있듯이, 모국어 학습자에게도 파자문의 사용은 점진적인 학습의 심화과정에 의하여 습득되는 구문임을 알 수 있다.

지 문장이 동시에 구상이 된 결과이다. 첫 번째 문장을 위주로 말했는데, 그때 다른 경쟁성분 '把它'가 뒤에서 삽입이 된 것이다. 이런 현상을 인지 심리학에서는 '후치실수'라고 하고, 보편적인 실수 중의 하나이다. 다음으로 살펴볼 것은 파자문의 기능에 관한 것이다.

파자문은 중국어의 상용 격식이고 풍부한 표현력을 가지고 있고, 앞 사람들의 연구는 일정한 성취를 얻었는데, '把'자에 대한 과거의 연구는 대다수 술어동사를 중심으로 전개되었다. 王惠(1992)는 '把'의 연구 성과를 다음 3가지로 요약하고 있다.

첫째, 술어 방면에서 '把'의 특징을 인식하는 것으로 주로 처치설(王力, 1943), 술어의 복잡 형식설(呂叔湘, 1948)과 동사가 결과 의미를 함유하고 있다는 설(昭敬敏, 1989)이 있다. 둘째, 목적어 방면에서 인식하여 동사의 목적어는 한정적이라고 생각하는 설(王力, 1943; 呂叔湘, 1948; 朱德熙, 1982)이 있다. 셋째, 주어 방면에서 인식하는 것인데 파자문의 주어는 일반적으로 동작의 施事 혹은 동력의 원천이라고 생각한다(Танb, 1989).[130] 앞의 연구는 기본적으로 모두 '주어-술어'의 구조를 기초로 '把'자의 기능을 관찰한 것이다.

우리가 여기서 생각해 보아야 할 것은 파자문에서 강조하는 것이 결국 어느 성분인가의 문제이다. 把자 뒤의 목적어인가 아니면 동사나 그 연대성분인가? 말하자면 파자문의 의미 중심이 도대체 어디에 있는가이다. 이 문제에 대해서는 의견이 아직 일치하지 않고 있다. 王力(1954:166)은 처치식의 의미가 중하다고 했고, 張志公(1952: 62)에 따르면, "목적어를 동사 앞으로 전치하면 위치에서 비교적 현저히 드러난다. 그러므로 전체 문장의 어세는 비교적 강해진다. 어떤 것은 목적어가 표시하는 사물에 대해서 처치의 의미를 표현할 수 있다."[131]라고 하였다.

---

130) 徐通鏘(1997) 『語言論』, 東北師範大學出版社, 509쪽.

파자문의 사용은 그 언어 정보 전달상의 요소가 있다. 언어 정보의 전달 규칙은 '구정보→신정보'인데, 중국어 어순은 중국어 명사성 성분의 한정과 비한정에 아주 커다란 지배작용을 가지고 있다. 이는 달리 말하면 중국어 명사성 성분의 한정과 비한정은 늘 다른 어순을 택하여 표현한다는 것이다. 受事 목적어가 구정보를 포함할 때 사람들은 전치사를 써서 그것을 동사 앞으로 옮겨 SOV, SOVC 등의 문형을 만드는 데 익숙하다. 이것은 목적어의 한정성을 표기할 뿐만 아니라 의미상 가장 중요한 성분을 문미에 위치시켜 문미정보 핵심의 원칙을 실현하는 것이다. 그러나 단지 그 이유만은 아니고 담화의 연결을 순조롭게 하기 위한 화자의 심리적 의도가 가미된 하나의 배열 방식이라고 할 수 있다.

파자문의 사용 원인은 먼저 표현상의 수요에서 나오는 것이다. 중국어의 파자문의 가장 중요한 기능은 문미의 목적어 명사를 동사 앞으로 이동하여[132] 주어 명사와 목적어 명사의 관계가 더욱 밀접하게 하는 것이고, 한편으로는 술어동사가 문장의 정보초점이 되게 하는 것이다. 예를 들면, '我們把敵人打敗了' 이 문장은 초점이 '打敗'에 있다. 이것은 파자문의 초점이 후단에 있다는 것이다.

파자문의 초점은 어떤 동작 행위나 동작 행위의 결과 상황을 강조한다. 파자문을 일반적인 'SVO' 문장의 초점과 비교하면, 일반적으로 'SVO' 문장의 초점은 목적어에 있음을 알 수 있다. 예를 들면, '我們

---

131) 賓語提到動詞前頭來, 在地位上比較顯著些, 因而全句的語勢就比較强一些, 有的還能表現出一種對賓語所表示的事物加以處置的意思.

132) 이와는 달리 郭振華는, '把'자문이 목적어를 앞으로 이동시킨다는 주장이 부인되는 이유는 '把'자문이 '主動賓' 문형으로 환원될 수 없기 때문인데 왜냐하면 이런 '把'자문의 동사 뒤에는 다른 목적어나 기타 성분이 있기 때문이라는 것이다.

154

打敗了敵人'에서 초점은 '敵人'에 있다. 그러나 파자문의 초점은 모두 문미에만 있는 것인가?

다음 예문을 보자.

  (73) 新年了, 我把墻上的掛曆換了.
     새해가 되어, 나는 벽의 달력을 바꿨다.
  (74) 新年了, 我換了墻上的掛曆.
     새해가 되어, 나는 벽의 달력을 바꿨다.

만약 '掛曆'의 위치를 강조하고자 할 때는 예문(73)과 같이 '把'자문을 써야 하고, 단지 일반적인 서술이라면 예문(74)와 같이 안 쓸 수도 있다. 그러므로 파자문이 강조하는 것은 전치된 목적어이고 그 의미 중심은 把자 뒤의 목적어 성분에 있는 것으로 볼 수도 있다고 본다. 아래 예문 (75)(76)의 기능상의 유일한 차이는 전자는 대상 '那本書'를 강조하고 후자는 이러한 의미가 없다. 그것이 표층상 동사 앞으로 이동한 원인은 두 가지가 있는데 하나는 모종의 통사규칙의 요구(구조상의 수요)이고, 다른 하나는 초점을 강조하기 위한 '심리적인 요인'이 작용하는 경우라고 볼 수 있다.

  (75) 老王把那本書扔了.
     왕형은 그 책을 버렸다.
  (76) 老王扔了那本書.
     왕형은 그 책을 버렸다.

우리는 여기서 구조관계의 다름을 살펴보아야 한다. 이것은 두 가지 문형의 '표현초점'이 다르다는 것이다. 파자문을 구성하는 데는 일정한 제약 조건을 필요로 하는데, '주어, '把'자 뒤의 목적어'는 일반적으로 늘 한정이고133)(이것은 바로 파자문이 앞의 문장을 이어서 출현할 수 있음을 말하는 것이다.) 동사 목적어는 왕왕 비한정이다. 이러한 어순은 상당히 큰 강제성을 가지고 있는데 이것은 담화자의 언어심리와 서로 관련이 있다. 의사소통 과정 중에 화자는 늘 화청자 쌍방이 공유하는 이미 알고 있는 정보를 먼저 말하게 된다. 앞 위치에 두어 주의를 끌고 강조하여 화자 청자 모두 곧 이야기하는 내용에 접하게 한다. 그러므로 중국어는 늘 한정성 성분이 전치된 어순을 선택한다고 할 수 있다. 파자문의 증가134)는 주술도치문처럼 중요한 것을 먼저 제시하고자 하는 화자의 심리적 의도가 강하게 작용한다. 즉 주관적인 표현 측면이 강하다고 볼 수 있다. 把 뒤의 성분은 한정이기 때문에 문미에 어떠한 것을 말하려고 하는지 짐작할 수 있다. 다시 말하면 '초점 추론'이 가능하므로135) 강조의 일면도 가지고 있다고 할 수 있다. 다음 예문을 보자.

---

133) 문두 화제의 한정성과 파자문에서 '把' 뒤의 목적어의 한정성은 대부분 의사소통 쌍방간의 생각 속에 존재하는 것이고, 비한정일수도 있다. 陶紅印·張伯江(2000)에서는 把字 뒤 명사가 비한정 형식의 파자문을 '無定式把字句'이라고 했다.

134) 李寧·王小珊(2001)에 따르면, 북방 사람들이 파자문 사용이 남방 사람들보다 많다고 한다. 예를 들면, 老舍, 筆淑敏, 劉恒은 모두 북경인이고, 그들의 작품에서 파자문의 사용이 남방 작가인 池莉, 孔捷生, 巴金의 작품보다 높다는 것이다. 예외로 王朔을 들고 그것은 작가의 風格과 관련된 것은 아닐까라고 한다.

135) '초점추론'은 쉽게 추정할 수 있는 정보(accessible information)라고 할 수 있다. D.Sperber D.Wilson에 따르면, 의사소통을 의도와 추론의 관점에서 기술하는 것은 어떤 면에서 상식적이고, 화자는 사건이나 사상의 어떤 상태를 전달하려는 의도를 청자가 인식하기를 의도하고, 청자는 화자가 우리에게 알리고자 의도하는 바가 무엇인지를 인식하려고 한다고 하였다. D.Sperber D.Wilson 共著 김태옥 이현호 共譯(1994)「인지적 화용론」, 한신문화사, 32-33쪽.

(77) 你把作業做好再出去玩兒!
　　　너는 숙제를 다 해놓고 다시 나가 놀아라!

　위의 예문에서 '作業' 뒤의 내용은 부차적인 정보, 즉 잉여정보가 될 수가 있다.

　張寧(1994)도 '他把爐子升上了火'와 같은 예문에서 중점은 '爐子'에 있고, 상황의 변화에 따라 '他'가 무엇을 했느냐에 있지 않다고 하였다. 이는 파자문에서 초점이 꼭 문미에 있는 것은 아니고, '把'字 뒤, 즉 문중에도 있을 수 있다는 것을 보여주는 것이다. Firbas는 CD의 정도에 따라 문미로 갈수록 상승한다고 하였지만, 위의 경우처럼 문미의 내용을 추론할 수 있는 把자문의 CD의 정도는 把자 뒤의 성분이 가장 강하다고 할 수 있다. 그러므로 이러한 상황에서는 '핵심초점'에 해당하는 '作業'만 제시하여도 '정보량'은 충분하고 의사전달은 명료하다. 이는 '저CD-고CD-저CD'에 해당하는 경우라고 생각된다.

　다음으로 살펴볼 것은 대상에 대하여 처치를 더하여 표현효과를 거두는 경우이다.

(78) 你可要想着把這些菜帶上山去, 這是我們繳的黨費. (王愿堅『黨費』)
　　　너는 이 요리들을 산으로 가지고 갈 것을 생각해야 하는데, 이것은 우리가 내야 할 당비다.
(79) 老壽把牲口拴到槽上. (茹志鵑『剪輯錯了的故事』)
　　　노수는 가축을 구유에 매었다.

　만약 '帶這些菜上山去', '拴牲口到槽上'으로 고친다면 능동 문형이고 의미는 변하지 않지만 원래의 문장과 비교하면 대상 '這些菜', '牲口'에 대하여 처치의 의미를 더하는 것을 잃게 된다. 또 다른 경우는 행위자의 동작, 행위가 낳는 결과나 도달한 상태를 두드러지게 하기 위해서이다. 아래 예문을 보자.

(80) 一個浪頭打來, 河水灌進我嘴裏, 把我嗆得好久都喘不上氣來 (峻青 『黎明的河邊』)
파도가 치고, 강물은 입 속으로 들어왔고 나는 숨이 막혀 오랫동안 숨을 쉴 수가 없었다.

만약 원문을 '一個浪頭打來, 河水灌進我嘴裏, 我嗆得好久都喘不上氣來'라고 고친다면, '我'는 진술대상이 되고 '嗆'의 상태는 오히려 두드러진 표현이 될 수 없다. 그러므로 앞에서 이야기했듯이 문형의 선택 문제가 제기되는 것이다. 화자는 어느 어순을 취하는 것이 자신에게 유리한 표현인가를 선택할 수 있다.

파자문이 개시발화문에 출현하는 가능성은 아주 적은데 이는 주로 把자 뒤의 목적어는 한정성을 가지고 있고, 화자와 청자가 이미 알고 있는 정보이기 때문이다. 한국어의 경우 '을, 를' 앞에 출현하는 목적어는 '한정', '비한정' 제약을 받지 않지만 중국어에서 파자문의 목적어는 흔히 한정이어야 한다. 때로는 명사 앞에 어떤 수식어도 없고 얼핏 보면 불특정인 것 같아도 화자와 청자가 알고 있는 것이라면 파자문의 목적어가 될 수 있다. 예를 들면, '我把孩子帶來了', '我把書買來了', '他把車賣了'이다. 그러나 '把' 뒤의 성분이 한정인가 아닌가에 대해서도 학자마다 차이를 보이고 있는 경우도 있다.

절대 다수의 파자문에서 '把'자를 제거한 후에 남는 부분은 受事주어문이고 두 가지 문형의 의미는 기본적으로 서로 같다. 朱德熙(1982)는 파자문에 대해 새로운 견해를 제기하였는데, "사실, 파자문과 관계가 가장 밀접한 것은 'S-V-O'문형이 아니고 수사주어문(受事主語句)

이다."136) 라고 하였다. 曹逢甫(1987)의 견해는 朱德熙의 견해와 조금 유사한데, 그는 파자문 중의 문두 명사는 전체 문장의 첫째 화제이고, 把 뒤의 목적어는 두 번째 화제137) 라고 하였는데, 두 화제는 모두 문의 중심이 구정보임을 대표한다.

胡裕樹·范曉(1996)에 따르면, "파자문의 주요 기능이 '把'자 뒤의 명사표지가 특수 화제가 되게 하는 데 있고, 첫 번째 화제와 두 번째 화제 간의 급물성관계(transiti relation)를 강조하고, 뒤의 동사(동사 및 그 보어를 포함)로 하여금 신정보가 되게 한다."138) 이러한 견해에 근거하면, 파자문은 자연히 受事 주어와 주술술어문은 변환관계가 있다는 것을 말해 주는 것이다. '把'자 뒤의 목적어는 절대 다수가 受事이지만, 이것은 단지 양의 구별이다. '把'자 뒤에는 受事만 출현하는 것은 아니다.139) '把'자 뒤에도 施事목적어가 있을 수 있지만 이러한 상황은 비교적 적고 일정한 제한이 있으며, 이러한 격식 속의 동사는 왕왕 소실 의미를 표시하는 자동사이다. 만일 우리가 이러한 파자문의

---

136) "其實跟把字句關係最密切的不是主-動-賓句式, 而是受事主語句." 胡裕樹·范曉
　　(1996)『動詞硏究綜述』, 山西高校聯合出版社, 276쪽
　　西槇光正(1990)가 소설『駱駝祥子』중의 '把'자문에 대해서 문형변환의 조사를 해 본(注: 기본 문장 의미를 변화시키지 않고, 즉 원래 문중의 시수관계를 변환전제로 한다.) 결과는 '주-동-목'식의 '把'자문은 약 11%를 점하고, 수사주어문으로 변환할 수 있는 것은 약 19%를 점한다. 동시에 이 두 가지 문형으로 변할 수 있는 '把'자문은 약 65%를 점한다는 결과를 제시하고 있다. 이 결과는 朱德熙의 주장과 부합함을 보여주고 있다.

137) 魏岫明(1992), 張泰源(1996)은 '把NP'를 화제를 표현하는 것으로 보았다.

138) '把'字功能是標示其後的NP爲特殊的主題, 這一結構的意義在於表明第一主題與'把'後主題的關係, 幷突出由動詞及其補語所表達的結果意.

139) 예를 들면 '別老坐沙發椅, 把人都坐懶了.'에서 '把' 뒤의 '人'은 결코 동작 '坐'의 受事가 아니고 오히려 '坐'의 施事이다.

'把'자를 제거한다면 施事주어문으로 변한다. 예문을 보자.

(81) 去年又把老伴兒死了.　　　　→ 去年老伴兒又死了. (史存直, 1982)
　　　작년에 노처(노부)가 죽었다.　　작년에 노처(노부)가 또 죽었다.
(82) 偏偏又把個老王病倒了.　　　→ 老王又偏偏病倒了. (史存直, 1982)
　　　뜻밖에 왕 형이 병으로 쓰러졌다.　왕 형이 또 뜻밖에 병으로 쓰러졌다.

　영어의 경우에는 '把'와 같은 구조가 없고, 목적어를 전치하는 것은 아주 적다. 단지 비교적 복잡한 목적어를 화제로 할 경우 그것을 문두에 놓는다. 다음 용례를 보자.

(83) I've kept all the letters you wrote me.
(84) The letters you wrote me, I've kept them all.

　예문(83)은 영어에서 가장 통용되는 방법이고, 예문(84)는 청자의 주의력을 편지에 놓을 때이다. 이에 해당하는 중국어의 예문을 보자.

(85) 你寫給我的信我都留下來了.
　　　당신이 나에게 써 준 편지는 나는 모두 남겨두었다.
(86) 我把你寫給我的信都留下來了.
　　　나는 당신이 나에게 써 준 편지를 모두 남겨 두었다.

　파자문의 술어는 일반적으로 복잡한 것이다. 흔히 복잡한 동사성 구조여야 하는데, 그것은 파자문은 동작의 결과를 강조하는 데 쓰이기 때문이다. 술어(타동사[140]) 뒤에는 기타 성분(예를 들면 결과보어

---

140) 파자문을 사용하는 동사는 일반적으로 타동사에 국한된다. 아래와 같은 동사는 사용하지 않는다. 자동사(旅行, 休息, 合作, 游泳), 동작을 표시

등)이 있어야 하고, 일반적으로 말해 파자문에서 술어동사 뒤에는 적
당한 보어가 있어야 문장의 정보초점이 될 수 있는데, 피동문의 술어
동사 역시 그러하다. 이는 파자문의 경우 '통사론적 요인'과 '인지화용
론적 요인'이 동시에 고려되는 구문이라는 것을 말해주는 것이다. 예
문을 보자.

(87) 土匪打死了他的父親. (湯廷池, 1979)
　　　도적은 그의 부친을 때려 사망케 했다.
(88) 土匪把他的父親給打死了. (湯廷池, 1979)
　　　도적은 그의 부친을 때려 사망케 했다.
(89) 他的父親被土匪給打死了. (湯廷池, 1979)
　　　그의 부친은 도적이 때려 사망케 했다.
(90) 他被土匪把父親給打死了. (湯廷池, 1979)
　　　그는 도적에게 부친을 잃었다.

　　피동문의 기능은 원래 정보초점이 되는 문미 목적어 명사 '他的父
親'을 문두로 이동하여 담화의 화제로 사용이 되게 하는 것이다. 결과
는 술어동사 '打死'로 하여금 문장의 정보초점이 되게 할 뿐만이 아니
라 원래 구정보를 대표하는 주어 겸 화제 명사 '土匪'가 신정보를 대
표하는 행위자의 부사어가 되게 한다.
　　파자문의 기능을 고찰하려면 필히 의미, 구조, 화용,141) 언어정보,

　　하지 않는 동사(是, 有, 像, 姓), 심리나 감각을 표시하는 동사 (知道,
　　希望, 了解, 感覺, 看見, 感動), 방향을 표시하는 동사(來, 去, 上, 下, 進,
　　出) 등등이다. 그러나 일부의 자동사(病, 死, 生氣)는 파자문의 동사가
　　되면 사용하는 경우도 있다. 예를 들면, '把他病了', '把他爺爺死了', '把
　　他生氣了'인데, 이러한 자동사를 사용하는 파자문은 거의 결과가 좋지
　　않은 일을 표시하는 공통점을 가지고 있다.
141) '把'자문의 화용기능에 대해서는 張旺熹(1991)가 『"把字結構"的語義及

언어환경 등 다방면에서 종합적으로 탐색해야 한다. 파자문에 대한 기존의 연구는 파자문의 내부구조 의미 특징과 기타 문형의 연계와 구별 등 정태 방면에 치중하였다. 향후의 연구는 파자문의 화용 가치, 담화 중의 위치 등 동태 방면의 연구를 강화하여야 한다고 본다.

파자문은 피동문과 연계하여 연구하는 것이 필요한데, 이 두 가지를 함께 살펴보아야 하는 것은, 把와 被구조가 많은 공통의 의미적 통사적 특성을 공유하고 있고, 이를 어순의 담화 전략적 차원에서 연구할 가치가 있기 때문이다. 이에 관해서는 다음 연구과제로 남긴다.

다음으로 살펴볼 것은 후치이동에 관한 것이다.

② 후치이동

단문의 배열순서는 상대적으로 안정적인 배열순서를 가지고 있다. 예를 들면, 주어는 앞에, 술어는 뒤에, 관형어 부사어는 앞에, 중심어는 뒤에 있다. 이러한 문장성분은 정상적인 것에 속하고 일반적 위치의 문장을 '정치문'이라 한다. 이와는 달리 어떤 때는 표현의 수요에서 일반적으로 강조나 마음이 급하고 절박한 것을 나타내기 위하여 정상적인 배열 순서를 바꾼다. 예를 들면, 주어는 술어 뒤에, 관형어 부사어는 중심어 뒤이다. 이러한 문장성분은 비정상적이고 특수한 위치에 속하는데 '도치문'이라고 한다.[142] 이에 대한 연구는 중국어 문법연구

_____

語用分析』에서 그것과 인접문 사이의 의미관계에 대해 비교적 체계적인 연구를 하였다. 王一敏(1993)은 『"把"字句的語用結構分析』에서 파자문과 관련이 있는 화용구조 분석의 몇 가지 문제를 토론하였다. 그리고 기능법을 활용하여 파자문을 어떻게 효과적으로 가르칠 수 있는가에 대한 연구로는 張寧(1994)의 『試論運用功能法教"把"字句』가 있다. 朴建榮(1998)에서는 출현빈도에 따른 파자문의 교육 방안을 제시하고 있다. 그에 의하면 'V+"在"'류 결과보어의 출현률이 34%, 'V+방향보어'의 출현률이 30%를 점하고 있다고 한다.

162

를 더욱 계통화하고, 더욱 규칙화하는 데 편하고 실용적인 수요에 부
합할 것이다.143)

그렇다면 정치문을 파괴하는 도치 어순은 왜 일어나고 어떠한 작용
을 하는 것인가? 일정한 언어 환경하에서 자신의 생각을 청자에게 합
당하게 이해시키려면 어순은 반드시 두드러지는 정보를 둘러싸고 다
시 배열을 해야 한다.

Green(1974, 1980)에 따르면, 도치구문은 비도치 구문과는 다른 어떤
기능을 충족시켜 주며, 그 기능은 도치구문이 발생하는 정황에 따라 변
화한다는 것을 보여주고 있다고 주장한다. 그리고 그는 "어떤 구문의
문법성은 통사적 환경에 달려 있는 것이 아니라 화자의 의사전달 의향,
즉 그가 함축하려고 의도하는 것에 달려 있다."144)고 주장한다.

소위 후치이동은 통상 앞의 통사성분이 모종의 표현상의 수요 때문
에 뒤로 이동하는 것을 가리킨다. 상견되는 후치이동 격식은 주술도
치, 관형어와 중심어 도치, 부사어와 중심어 도치 3가지이다.

먼저 주어와 술어 위치 바꿈의 경우를 보자.

---

142) 본 논문에서 도치의 범위는 주술도치, 관형어, 부사어와 중심어 도치로 국
    한한다. 일반 문장이 문장성분의 순서를 변환하는 것은 도치라고 하지 않
    고 문형의 변화라고 한다. 과거에는 도치라는 용어를 많이 사용했다. 그러
    나 도치이든 문형의 변화이든 그 공통점은 문장에 있어서 변화를 한다는
    것이고, 많은 경우에 있어서 의도적으로 변화를 시도한다는 것이다.

143) '變式'은 당연히 기본문형에 대해서 말하는 것이고, 기본문형이 없으면
    무슨 변식이라고 말할 수 없다. 呂叔湘·王力은 모두 현대중국어는 3가
    지 기본문형, 즉 판단문(判斷句), 묘사문(描寫句), 서사문(敍事句)으로
    나누어야 한다고 했다.

144) Green(1974) claims that the acceptability of certain syntatic constructions
    depends not on the syntactic environment, but on the communicative
    intent of the speaker, i.e, on what he intends to implicate.

주어는 앞에 술어는 뒤에 위치하는 것이 일반적인 어순이고, 이러한 어순이 전도되면 도치이다. 주술도치가 문법 범주에 속한 것인가 아니면 수사 범주에 속한 것인가에 대해서는 지금까지 정론이 없다. 일반적으로 고대중국어를 연구하는 사람들은 그것을 문법부분에 놓고 연구하는 데 치중하였고, 현대중국어를 연구하는 사람들은 그것을 수사부분에 놓고 토론하고 있다.

湯廷池(民國66)에 따르면 전치와 후치는 함께 발생하는데, 하나의 구가 앞이나 뒤로 이동하면 다른 구가 뒤나 앞으로 이동해야 하기 때문이라는 것이다. 그의 견해와는 달리 도치란 주어가 동사 뒤로 자리를 옮겨서 일어나는 현상이 아니라, 주어는 그 고유의 성질상 제자리를 그대로 지키고 동사가 주어 앞으로 움직이는 현상이라고 하는 의견도 있다.

주술도치는 문형에 영향을 주지 않는다. 주술도치는 화용적 수요에 근거하여 생긴 것이고, 화자는 어떤 때는 강렬한 감정을 표현하기 위하여 도치가 이루어진다. 말을 하거나 문장을 쓸 때, 수사의 목적을 위하여 의식적으로 문장성분을 도치하면 듣는 사람이나 읽는 사람은 더욱 명확하고 깊은 인상을 얻게 된다. 이것이 바로 도치의 표현효과이다. 그러나 도치는 항상 의도적으로만 일어나는 것은 아니다. 어떤 때는 정서가 긴장되기 때문에, 술어가 표시하는 것이 가장 먼저 의식 속에 떠오른다. 즉 '현실성의 원칙(the principle of actuality)', 즉 PTS의 반영이라고 본다. 그러므로 무의식중에 전달하고자 하는 중점이 먼저 나오고 후에 주어를 말하게 된다.

아래 예문은 주술도치의 용례이다.

(91) 找到沒有, 你的辭典?
　　　찾았니, 니 사전?

(92) 多漂亮啊, 這朵花兒!

　　얼마나 아름다운가, 이 꽃은!

(93) 進來吧, 你!

　　들어와, 너!

(94) 都買了嗎, 你們? (胡裕樹, 1987)

　　모두 샀니, 너희들?

(95) 寫得多好啊, 這篇文章! (胡裕樹, 1987)

　　얼마나 잘 썼는가, 이 문장은!

(96) 多好啊, 生活! 多美啊, 愛情!

　　얼마나 좋아, 생활이! 얼마나 아름다운가, 애정이!

(97) 站起來, 第五排!

　　일어나, 다섯 번째 줄!

(98) 還沒吃過呢, 我和小王.

　　아직 먹지 않았어, 나와 왕 군이.

(99) 要睡了, 我. (趙元任, 1979: 번역본)

　　잘래, 나.

　상술한 각 문장은 어순의 변화로 구조상의 변화가 있는데 의미는 변화가 없다. 술어와 주어 사이에는 휴지(pause)가 있고, 문어에서는 일반적으로 쉼표를 사용하여 분리한다. 주어와 술어의 위치 바꿈은 대부분 '술어를 강조하려는 의도'와 '현실성의 원칙'이 동시에 작용하는 것이라고 보인다. 일반적으로 구어 대화에서 어순이 도치되는 경우가 많다. 다시 주술 도치의 예문을 보자.

(100) a. 你們躲開.

　　　　너희들은 비켜.

　　b. 躲開, 你們.

　　　　비켜, 너희들.

(101) a. 瓦片掉下來了.

　　　기왓장이 떨어졌다.

　　b. 掉下來了, 瓦片.

　　　떨어졌다, 기왓장이.

(102) a. 新中國的兒童多麽幸福阿!

　　　신중국의 아이들은 얼마나 행복한가!

　　b. 多麽幸福阿, 新中國的兒童! (江天, 1983)

　　　얼마나 행복한가, 신중국의 아이들은.

　위의 (100)(101) 예문의 b는 술어를 강조하는 것이고, '현실성의 원칙'이 반영된 것이다. 주의할 것은, 주술도치에도 화자의 의도적인 표현과 비의도적인 표현이 구현되는 경우가 있다는 점이다. 예문(102)의 b는 화자(작자)의 의도적인 표현이 구현된 경우라고 볼 수 있다. 이는 어순을 바꿔 극적이고 강조하는 대사로 변형시키려는 DS의 반영이라고 할 수 있다. 이렇게 술어를 두드러지게 하는 어순은 비상규 초점 정보의 강화 수단이 된다. 주술도치의 또 다른 예를 보자.

(103) 三斤西紅柿一塊錢　　　—　　　一塊錢三斤西紅柿.

　　　토마토 3근이 1원이다.　　　1원에 토마토가 3근이다.

　　　西紅柿一塊錢三斤.　　　—　　　西紅柿三斤一塊錢

　　　토마토가 1원에 3근이다.　　　토마토가 3근에 1원이다.

　이 네 가지의 문장은 동일한 의미를 가지고 있다. 위의 두 문장은 문장의 주어와 술어를 호환하였다. 왼쪽의 문장에서 '三斤西紅柿'는 주어이고, '一塊錢'은 술어이다. 오른쪽의 문장에서 '一塊錢'은 주어이고, '三斤西紅柿'는 술어로 모두 주술문이고, 定中구조가 주어, 술어가 된 것이다. 아래의 두 문장은 주어가 '西紅柿'로 같고, 술어는 모두 주술

구조이다. 주어와 술어 도치가 형성하는 동의문형은 비록 기본 의미는 서로 같아도 표현 작용은 차이가 있다. 가장 중요한 차이는 의미 중심이 다르다. 그러므로 구체적인 수요에 근거하여 선택해야 한다.

다시 위의 예문을 보면, 토마토의 가격이 비싸거나 싸다고 생각하면 '三斤西紅柿一塊錢'이 비교적 적합하고, 현재의 물가가 비싸거나 싸면 '一塊錢三斤西紅柿'가 비교적 적합하다. 당연히 절대적인 것은 아니고 말할 때의 語調나 논리 강세와도 관계가 있다.

동의 형식은 언어 표현으로 하여금 다양성의 선택을 할 수 있게 하고 언어의 변화를 증가시킨다. 이러저러한 종류의 형식을 택하는 것은 수사의 수요를 가지고 있고, 문맥의 운율 조화를 포함한다고 할 수 있다.

문학작품에서의 주술도치의 예문을 보도록 하자.

(104) "上哪兒去啦, 你?" 她一邊去盛白菜, 一邊問. "洗澡去了." 他把長袍脫下來. (老舍『駱駝祥子』)
어디로 가니, 너? 그녀는 배추를 담으면서 물었다. '목욕하러 가.' 그는 긴 두루마기를 벗었다.

(105) 我仰起頭一望: 街道兩旁的樹木都黃了, 太陽光一映, 顯出一片透明的金色一 多美啊, 北京的初冬.(楊朔『埃及燈』)
나는 머리를 들고 바라보았다. 길 양옆의 나무는 모두 노랗게 되었고, 햇빛이 비추니 투명한 금색一 얼마나 아름다운가, 북경의 초겨울은.

주술도치는 일반적으로 술어를 두드러지게 하기 위한 것이고, 화자가 가장 관심이 있는 것은 술어가 반영하는 내용이고, 주어는 보충적 지위이다. 예문 (104)의 질문의 초점은 신정보인 '上哪兒去'이고, 누구를 가리키는가에 대해서는 본래 말하지 않아도 알고 있고, 심지어 생략할 수도 있는데, 초점을 드러나게 하는 하나의 방법이다. 예문(105)에서 작자가 의도적으로 두드러지게 하려고 하는 것은 찬미의 감정,

'多美啊'이고, 뒤에 주어 '北京的初冬'을 보충하고 있다. 이러한 용법은 일반적으로 의문이나 감탄을 표시하는 문장에 표현되는데 의문이나 감정 색채를 가지고 있다. 또 다른 예문을 보자.

(106) 在斜大門豆腐店裏確乎終日坐着一個楊二嫂……
　　　기울어 가는 대문 두부점에는 확실히 종일 둘째 형수 양 씨가 앉아 있었다.

　위의 예문에서 '楊二嫂'는 '坐'의 행위자이다. 이러한 문장의 표현 초점은 행위자가 어떻다는 것을 설명하는 데 있지 않고 '豆腐店裏'에 있다. 그러므로 일반적인 순서를 바꾸는데 施受 위치를 변화시켜 표현 초점을 두드러지게 한다.

　화자의 심리요소는 구어 어순의 배열에 대하여 중요한 영향을 끼친다. 구어 어순은 문어의 어순과는 다름을 보이고 있다. 구어의 언어외 특징―무준비성, 무구속성―은 화자로 하여금 종종 먼저 중요한 부분을 이야기하게 하고, 어떤 때는 임의대로 생각하고 말하고 부단히 보충하게 한다. 정보량이 가장 큰 성분을 문두(혹은 기타 정보량이 가장 큰 성분을 전치)에 놓고, 어구의 문미 부분에는 중요하지 않은 정보 성분을 보충 서술하는데, 어구 최초의 의사소통에서는 본래 이러한 성분을 포함하지 않는다.

　다음은 관형어 후치에 관하여 살펴본다.

　중국어의 관형어는 일반적으로 중심어 앞에 위치하지만, 관형어가 중심어 뒤에 위치하는 관형어 후치[145]의 경우도 종종 보인다. 관형어

145) '관형어의 위치이동'에 관한 것은, 陸儉明의 『漢語口語句法里的易位現象』, (『中國語文』, 1980년 제1기), 潘曉東의 『淺談定語的易位現象』, (『中國語文』, 1981년 제4기), 陸儉明의 『關於定語易位的問題』, (『中國語文』, 1982년 제3

와 중심어 도치는 수식성 관형어에 많이 보이고, 이동한 관형어는 환원할 수 있으며 원래 그대로 그것을 중심어 앞으로 이동하고 의미는 변화가 생기지 않는데, 보충과 수사의 필요에 의한 것이다. 기존의 논문에서는 '역위현상'146)으로 많이 다루었다. 관형어의 후치에 대해서는 학자들 간에 의견이 일치하지 않고 있다.147)

孟琮(1982)은 구어의 일종의 중복현상에서 착수하여 구어의 후치문을 토론하였다. 王定芳(1983)에 따르면, 소위 '후치'는 단일 성분이나 구가 문 중의 위치순서가 이동 변화를 발생하는 것을 가리키고 이 성분이나 구의 역할이나 기능은 변화가 생기지 않는다고 했고, 陸儉明(1980)에 의하면, 무릇 후치문은 다음 4가지 특징을 가지고 있어야 한다고 제시했다.

첫째, 후치문의 어구의 강세는 꼭 전치 부분에 있고, 후치 부분은 꼭 輕聲으로 읽는다. 둘째, 후치문의 의미 중심은 시종 전치 성분에 있다. 말하자면 후치 성분은 강조의 대상이 될 수 없다. 셋째, 후치문

기), 李芳傑의『定語易位問題議』,(『語文硏究』, 1983년 제3기), 邵敬敏의 『從語序的三個平面看定語的移位』,(『華東師範大學學報』, 1987년 제4기)가 있다. 기타 관련 논문은 符達維『現代漢語的關定語後置』,(『重慶師院學報』, 1984년 제4기), 王定芳『漢語語序問題』,(『湘潭大學社會科學學報』, 1983년 제4기), 陳信春『是後移的定語還是分句?』(『殷都學刊』, 1986년 제9기) 등이 있다. '목적어의 전치'에 관해서는 胡裕樹의『現代漢語』, 劉月華『實用現代漢語語法』, 陸儉明의『周遍性主語句及其他』(『中國語文』, 1986년 제3기)가 있다. 이에 관해서는 許壁(1993: 244-245 참조).

146) 본 논문에서는 논의의 편의상 '역위현상'을 '후치현상'으로, '역위문'을 '후치문'으로, '역위'를 '후치'로 적는다.

147) 관형어 후치를 인정하는 학자들로는 陳望道, 張靜, 史存直, 丁勉哉, 符達維, 邢福義, 屈承熹 등이 있고, 관형어 후치를 인정하지 않는 학자들로는 陸儉明, 張志公, 李芳傑이 있고, 呂叔湘과 朱德熙는 중국어의 습관은 명사의 부가어는 통상 앞에만 두고 일반 유럽 언어같이 앞뒤로 나누어 놓지 않는다라고 했다.

의 被후치 된 두 성분은 모두 복원할 수 있는데, 복원 후에도 의미는 불변이다. 넷째, 문미 어기사는 절대로 후치 부분 뒤에 출현하지 않고 꼭 전치 부분 뒤에 따른다.

그는 위의 4가지는 후치문이 보편적으로 갖추고 있는 특징이고, 우리가 후치문을 확정하는 증거가 된다고 강조를 하였다. 그리고 현대중국어의 관형어와 중심어 사이에 후치 현상이 발생하지 않는 것은 현대중국어에는 상술한 조건의 관형어 후치에 부합하는 언어 사실이 발견되지 않은 것이고, 다른 무슨 원인이 있어서가 아니라고 주장한다.

이와는 달리, 관형어 후치가 있다고 인정하는 각 사람들의 관련 논술을 종합하면 4가지 감별 표준으로 귀납할 수 있다.

첫째, 어떠한 어사도 더하거나 감하지 않는 전제하에 이 후치 성분은 조건 없이 중심어 앞에 환원되어 관형어가 될 수 있다. 둘째, 변화전후 문형의 의미관계는 기본적으로 불변이고 수사 풍격 색채가 다르다는 것만이 구별된다. 셋째, 후치 관형어는 조사 '的'을 가져야 한다. 넷째, 관형어 후치 후에 어기상 휴지가 있고, 문어에서는 쉼표로 나눠 분리한다.

SVO형 언어의 하나의 상관성 특징은 관형어가 중심어의 뒤에 출현한다는 것이다. MS. Dryer는 61종의 SVO형 언어에 대해 행한 조사에서 표현하기를 중국어 외에는 관형어 전치의 예가 하나도 없다고 했다.[148] 명사성의 정태적 수식구에서 관형어는 늘 그 중심어 앞에

---

148) 劉寧生(1995) 『漢語編正結構的認知基礎及其在語序類型學上的意義』, 『中國語文』第2期.
그러나 영어에서도 'a tall tree (一棵高高的樹)' 혹은 'low table (一張短桌子)'과 같이 수식 성분이 중심어 앞에 있지만 어떤 때는 영어에도 수식 성분이 중심어 뒤에 출현하는 경우가 있다. 예를 들면, 'Postmaster General(우정장관)', 혹은 'the bus waiting at the corner(모퉁이에서 기다리는 버스)'와 같은 것이다.

있고, 수식이나 제한 작용을 일으킨다. 그러나 동태적 문장에서 관형어는 어떤 때는 중심어의 뒤에 출현할 수 있다. 관형어 후치는 의사소통 중에 특수한 문장성분이 위치 이동하는 현상이고 화용 평면에 속한다. 주로 문어에 출현하고 구어에는 비교적 적게 출현한다. 陳望道는『文法簡論』에서 진일보 관형어의 앞에는 묘사, 제한 작용을 가지고 있고, 뒤는 설명, 보충 작용을 가지고 있다고 주장했다.

감정적인 요인이 논리적인 요인보다 더 크게 작용하는 구어체에서 보다 문어체에서 변화구문이 많은 것은, 문어체는 보다 의도적인 어순 구성이기 때문이다. 이러한 어순변화의 원인은 단독으로 작용하는 경우도 있고, 몇 가지 요인이 동시에 작용하는 복합성을 띠고 있어 문에 활력을 주는 바람직한 구문이라 할 수 있다. 후지 관형어와 관련 있는 다음 예문을 보자.

(107) 你告訴她在我那頂老的箱子裏, 紡綢的襯衣, 沒有領子的. (曹禺『雷雨』)
    너는 그녀에게 내 아주 오래 된 상자에 있다고 그래라, 옷깃이 없는.
(108) 海水映着天空的, 陰沈沈的.
    바닷물에는 하늘의 색깔이 비치고 있다, 어두침침한.

위의 예문은 추가 보충의 성질이 아주 명확하다. 그렇다면 관형어 후치 현상은 왜 일어나는 것인가? 이것은 관형어를 두드러지게 하고 강조하기 위한 것이라고 볼 수 있다. 관형어를 중심어 뒤에 놓아 강조 구문의 격식을 만들어 '표현효과'를 증강시키고자 하는 담화 전략적 의도에서 비롯되는 것이다.

史存直(1982)은 관형어 후치에 대하여 제한이 있어야 한다고 생각하고, "관형어는 전치를 일상적인 것으로 하고 후치는 일종의 예외이다. 그것은 일반적으로 문장의 구조를 명확하게 하고 수사 효과를 얻기 위한 것이다."라고 보아 심리적 의도가 작용한다는 것을 입증하고 있다.

관형어 후치로 간주되는 통사 격식을 들면 대체로 아래와 같은 예문의 유형이 있다.

(109) 他買了魚三公斤, 肉五公斤, 青菜四公斤. (范曉. 1998)
　　　 그는 생선 3kg, 고기 5kg, 청경채 4kg을 샀다.

(110) 荷塘四面, 長着許多樹, 翁翁郁郁的. (朱自清 『荷塘月色』)
　　　 연못 사방에는 많은 나무들이 자라고 있다. 초목이 무성한.

(111) 我有一本小說, 善本的.
　　　 나는 소설을 한 권 가지고 있다. 희귀한.

(112) 他們曾經和黨內機會主義傾向作鬪爭, 左的和右的. (毛澤東 『論人民民主專政』)
　　　 그들은 일찍이 당내 기회주의 경향과 투쟁을 했다. 좌파와 우파.

(113) 我倒認識一個年輕的姑娘姓梅的.[149] (范曉. 1998)
　　　 나는 도리어 성이 매씨인 젊은 아가씨를 알고 있다.

위의 예문에서 (109)는 수량사 후치이고, (110)(111)은 형용사 후치이고, (112)(113)은 '的'字 구조 후치이다. 이러한 문장을 분석할 때는 먼저 위치 이동 후의 관형어를 그 본래 위치에 환원할 수 있어야 한다. 아래 용례는 그러한 조건을 충족시키고 있다.

(114) a. 我仍然感到, 我只是一個孤孤單單的人.
　　　　 나는 여전히 내가 단지 고독한 사람에 불과하다고 느낀다.
　　　 b. 我仍然感到, 我只是一個人, 孤孤單單的.
　　　　 나는 여전히 내가 단지 사람에 불과하다는 것을 느낀다. 고독한.

---

149) '관형어 후치후에는 어기상 휴지가 있고, 서면상에서는 쉼표로 나눠 분리한다'에 따른다면 范曉(1998)에서 제시한 이 예문은 '我倒認識一個年輕的姑娘, 姓梅的.'과 같이 표기되어야 한다.

위의 예문에서 '人'의 관형어 '孤孤單單的'를 후치하여 다른 절을 이루고 보충 설명의 작용을 일으키고, 고독감을 두드러지게 묘사하고 있다. 정치문과 관형어 후치문의 예를 또 보도록 하자.

(115) 那間又寬又大的屋子是我們的會議室. (席德之, 1993)
그 넓기도 하고 크기도 한 방이 우리 회의실이다.
那間屋子, 又寬又大的, 是我們的會議室.
그 방이, 넓기도 하고 크기도 한 것이 우리 회의실이다.

魯迅의 작품에서 수식어를 중심어 뒤에 두는 상황은 자주 보이고 있는데, 이는 추가 보충, 강조의 의미 이외에 음절(syllable)로 인한 '리듬 조화 추구' 의도와도 관련이 있다고 본다. 예문을 보도록 하자.

(116) 我還期待着新的東西到來, 無名的, 意外的. (魯迅『傷逝』)
나는 아직 새로운 것이 도래하기를 기다리고 있다. 무명의, 의외의 것을.
(117) 他們應該有新的生活, 爲我們所未經過的. (魯迅『故鄕』)
그들은 새로운 생활이 있어야 한다. 우리가 아직 경험하지 못한.

이상의 예는 작자가 수식어를 뒤에 두었고, 쉼표로 나누었다. 상대적으로 독립시킴으로써 이미지의 외연 능력을 증가시키고, 음절로 하여금 조화롭게 하고 있다. 또 다른 예문을 보자.

(118) 因此, 這裏的"風景"也就値得留戀, 人類的高貴精神的輻射, 塡補了自然界的貧乏, 增添了景色, 形式的和内容的. (茅盾『風景談』)
그러므로 여기의 풍경도 떠나기 서운하고, 인류의 고귀한 정신의 복사, 자연계의 빈곤을 보충했고, 경치를 더했다. 형식적인 것과 내용적인 것으로.

위의 예문의 관형어 '形式的和內容的'를 목적어 '景色'의 뒤에 놓아 경치를 찬미하고 있다. 만약 관형어의 정상적인 순서에 의거하여 '增添了形式的和內容的景色'이라고 한다면, 강조의 의미는 그렇게 강하지 않아 '표현효과'에 차이를 가져올 수 있다. 어떤 관형어는 비교적 길거나 복잡하여, 그것을 후치하여 문형 구조로 하여금 어기가 유창하게 하는 경우도 있다. 아래 예문을 보자.

  (119) 花正盛開, 紅艶欲流: 黃色的雄蘂歷歷的, 閃閃的. (朱自淸『溫州的踪迹』)
       꽃은 막 활짝 피고, 붉은 색채가 흐르려 했다. 노란색의 수술이 뚜렷하고 반짝이는.

이 예문에서 '雄蘂'은 '黃色', '歷歷的', '閃閃的'의 3개의 관형어를 가질 수 있는데, 만약 이 3개의 관형어를 모두 '雄蘂'의 앞에 놓는다면, '黃色的, 歷歷的, 閃閃的雄蘂'가 되어 군더더기 말로 글을 짓는 결함을 가지게 된다. 작가는 하나의 관형어만 앞에 남기고, 그중의 두 개의 관형어는 후치하여 '雄蘂'의 특징을 두드러지게 하였고, 문형이 간결하여 적당하게 되었다. 이것 역시 Grice의 '대화의 협력원리'와도 부합한다.

병렬성분은 왕왕 음절 장단이 순서가 되는데 음절이 긴 것이 뒤에 배열된다. 이러한 문형의 활용은 어떤 때는 듣고 읽기에 편리하게 하기 위한 것인데, 긴 관형어가 중심어 앞에서 부담을 주는 것을 피한다. 예문을 보자.

  (120) 他大量地閱讀書籍, 中國的, 外國的, 古典的, 現當代的, 文學的, 哲學的, 歷史的……經過三年的準備, 1985年秋, 他開始創作『平凡的世界』第一部. (『人民日報』(海外版)1991. 4. 10)
       그는 책을 많이 읽었는데, 중국 것, 외국 것, 고전적인 것, 현·당대의 것, 문학적인 것, 철학적인 것, 역사적인 것…… 3년의 준비를 통하여

1985년 겨울, 그는 『평범한 세상』 제1부를 창작했다.(『인민일보』(해외판)1991. 4. 10)

만약 이러한 관형어를 중심어 앞에 두면, 문장은 길고 읽기 어려울 것이다. 그러나 우리는 여기서 '정보량(信息量)'의 문제를 제기하지 않으면 안 된다.150) 즉 술제의 정보는 적당해야 한다. 하나의 술제는 충분한 정보량을 제공해야 하지만 과도하게 많아서는 안 된다. 정보량이 과다하게 많으면 기억한계(memory limitations)에 지장을 주게 되어 청자가 파악하고 접수하는 데 불편하고, 너무 적어도 안 되는데 정보량이 너무 적으면 정확하고 적절하게 의미를 전달할 수가 없기 때문이다.

우리는 관형어 사용의 적절성에 대해서는 陳乃凡(1982)가 이야기한 것처럼, 비교적 길어 제한적이지 않거나 필요하지 않은 관형어는 생략하거나 술어 형식으로 고쳐 표현하는데, 이렇게 하면 오해를 피할 수 있다는 주장에 주의를 기울일 필요가 있다.151)

관형어의 위치이동은 문형에 영향을 주지 않는다. 위치 이동 후의 관형어와 그 중심어간에 거리가 비교적 멀지만, 그것은 의미상 여전히 그 중심어를 향하고 있다.

요약하면, 관형어 중심어 도치문은 정치문보다 활발하고 명쾌하고 관형어가 두드러지고, 의미가 뚜렷하며 화자(작자)의 표현의도를 두드

---

150) 이는 Grice가 제기한 원칙과도 관련이 있는데, 이는 대화에 필요한 만큼의 정보를 제공해야 한다는 것이다.
151) 아래는 필자가 2000년 2월, 陳乃凡이 제시한 예문을 가지고 중국인을 대상(20명)으로 한 설문(어느 예문이 더 중국인의 언어 습관에 들어맞는가?) 결과이다.
   a. 他認爲, 一向比較嚴肅的中國人決不會購買八十年代的美國色情影片.
   b. 他認爲, 中國人一向比較嚴肅, 決不會購買八十年代的美國色情影片.
   20명 중 a를 선택한 경우는 15%(3명), b를 선택한 경우는 85%(17)명으로 나타났다.

러지게 하려는 심리적인 의도에 의하여 이루어지는 것이라 할 수 있다.

　다음으로 살펴볼 것은 부사어 후치이다.

　부사어 어순의 유동성은 여러 언어에서 공통으로 나타난다.[152] 중국어의 경우 부사어는 일반적으로 3개 위치를 가지고 있다.

　첫째, 상당수의 부사어는 문장 앞에 놓는데 문두 부사어라 한다. 둘째, 대다수 부사어는 술어 앞 주어 뒤에 놓는데 문중 부사어[153]이다. 셋째, 극소수 부사어는 문장 뒤에 놓는데 문미 부사어, 즉 후치 부사어라고 한다.

　어떤 부사어는 주어 앞에 출현하는데, 부사어 전치이동에 관한 것을 들 수 있다. 표현상 부사어 부분을 두드러지게 하려는 것이다. 전치이동할 수 있는 부사어는 주로 부사성 부사어, 시간부사어, 전치사구가 부사어가 되는 것 등이다. 어기 정태 혹은 빈도 등의 부사는 모두 표현의 수요에 의하여 주어 앞으로 전치 이동할 수 있다.[154] 그러므로 이동성 부사, 비이동성 부사[155]를 파악할 수 있어야 한다.

---

152) 영어의 경우 부사어는 4개의 위치를 가질 수 있다. 주어 앞, 주어와 조동사 사이, 조동사와 술어 사이, 문미이다. 한국어의 경우에도 어순이 자유롭다고 할 때 그것은 술어를 제외한 문의 기본 성분들이 상호 간에 자리이동이 가능하고, 부사 또는 부사어의 자리이동이 매우 자유롭다는 것이다. 그러나 완전히 자유로운 것은 아니다. 다음 예문을 보자.
　겨우 과장이 됐어.(= 고작) ≠ 과장이 겨우 됐어. (= 가까스로)
　그가 바로 말했다.≠ 바로 그가 말했다.

153) 문중 부사어는 절대 다수 묘사성의 부사어이고 부분적으로 제한성의 부사어이다.

154) 어기를 표시하는 부사는 '難道 反而 何必 到底 究竟 反正 簡直 可是 畢竟 甚至 或許 或者 一旦'과 같은 것을 들 수 있고, 정태를 표시하는 부사는 '果然 自然 仍然 忽然 突然 原來 好像 偶然 故意 當然 順便 漸漸 趕快 其實 幸虧 幸而 怪不得 不由得 只好 反而 可惜' 같은 것을 들 수 있다.

부사 부사어 전치와 후치의 현상은 아래와 같이 중요한 사실을 발견할 수 있다. 첫째, 부사 부사어 수식어가 전체 문장에 대한 표현 기능은 명확한 영향을 가지고 있어서, 전치이동이나 후치이동의 가능성이 있다. 둘째, 부사 부사어 전치이동 혹은 후치이동은 여전히 중국어의 주요 문법 수단인 어순과 허사의 제약을 받는다. 어떤 부사어는 환원하려면 조건이 있는데, 어떤 어사를 붙여야 한다. 이는 앞에서 이야기했던 허사의 증첨과 관련이 있다.

예를 들어 보자.

(121) a. 花園公園裏, 他遇到了一位多年不見的老朋友.
　　　화원공원에서 그는 여러 해 동안 보지 못했던 옛 친구를 만났다.
　　 b. 他在花園公園裏遇到了一位多年不見的老朋友.
　　　그는 화원공원에서 여러 해 동안 보지 못했던 옛 친구를 만났다.

한국어의 경우에도 부사어는 위치가 아주 자유롭게 쓰이고 있다. 한국어의 부사어는 용언을 꾸미는 수식어이므로 용언 앞에 오는 것이 원칙이지만, 경우에 따라서는 명사를 꾸미기도 하고, 관형사나 다른 부사를 꾸미기도 하고 또 마디나 문장을 꾸미기도 한다. 한국어에서는 부사 '원래'가 주어 앞에도 올 수 있고, 주어 뒤에도 올 수 있는 자유로움이 있기 때문에 다음과 같은 오류 예문이 출현한다.

(122) 내가 기억하기로는 신문에서 본 것 같은데, 수영 코치는 세계 우승자를 길러냈지만, 그는 원래 수영을 할 줄 모른다는 것이다.
　　　*我記得我好像在報紙上看過, 有一個游泳敎練培育出了世界冠軍, 但是根本他就不會游泳.

---

155) 항상 주어 다음에만 오는 비이동성 부사로는 慢慢地, 快快地, 高高興興地, 一直, 都, 還, 又, 只 등이 있다.

我記得我好像在報紙上看過, 有一個游泳教練培育出了世界冠軍, 但是他根本就不會游泳.

(『實話實說』「一場策劃一場夢」)

담화 중 가장 전형적인 참조 성분은 시간과 공간 참고점이다. 시간과 공간을 표시하는 성분은 형식상에서 보면 보통 시간사와 방위사라고 할 수 있고, 시간이나 공간을 표시하는 전치사구일 수도 있다. 이들 성분의 후치 현상은 예를 들면 아래와 같은 예문을 들 수 있다.

(123) 活着呢, 喘着氣功兒哪還.

　　　　살아있네, 숨을 쉬고 있잖아 아직.

(124) 十二點了, 都.

　　　　12시가 되었네, 벌써.

(125) 他走了, 已經.

　　　　그는 가 버렸어, 이미.

(126) 電影開演了, 快.

　　　　영화는 시작하려고 한다, 곧.

(127) 對不起, 周華, 我是太急了點兒剛才.

　　　　미안해, 주화, 내가 너무 조급했나봐 금방.

(128) 我不想結婚現在.

　　　　나는 결혼하고 싶지 않다 지금.

(129) 有錄音機沒有這兒?

　　　　녹음기가 있니 여기?

(130) 我也看見了你, 在望遠鏡裏.

　　　　나도 너를 보았어, 망원경에서.

중국어 구어에서 특히 북경 구어에서는 방식, 범위 등을 표현하는 부사도 자주 추가 보충(after thought) 성분이 되어 문미에 출현한다. 이는 수사와는 무관하다고 볼 수 있다. 예문을 보자.

(131) 他騎走了, 把車. (陸儉明, 1993)

　　　그는 타고 가 버렸어, 차로.

(132) 你就看一會兒吧, 替他. (陸儉明, 1993)

　　　네가 잠시 보고 있어, 그를 대신해서.

(133) 你到底有甚麼意見啊, 對這個計劃. (陸儉明, 1993)

　　　너는 도대체 무슨 의견이 있니, 이 계획에 대해서.

(134) 這房子也是我們單位剛分的我, 過去沒家都. (張伯江·方梅, 1994)

　　　이 집도 우리 부서에서 내게 막 분배해 줬지, 과거에는 집도 없었
　　　지 모두.

　위에서 살펴본 바와 같이 문장성분이 되는 부사어의 위치는 매우 유
동적이다. 경우에 따라서는 수사 표현의 수요 때문에 어떤 부사어는 문
중에 놓일 수 있고, 문두나 문미로 옮길 수 있다. 아래 예문을 보자.

(135) 幕布緩緩地落下來了.

　　　막은 서서히 내려왔다.

　　　緩緩地, 幕布落下來了.

　　　서서히, 막은 내려왔다.

　　　幕布落下來了, 緩緩地.

　　　막이 내려왔다, 서서히.

　더욱 많은 부사 부사어는 문장 위치의 변화 상황이 더욱 유동적이
고 복잡하다. 그 이유는 언어환경 조건과 의사전달 수요에 의하여 결
정되는 것이라고 할 수 있다. 부사 부사어가 늘 주어와 술어 사이에
사용하는 것은 모두가 공인하는 사실이다. 그렇다면 어떤 부사 부사어
가 문두나 문미로 옮길 수 있는가? 이에 대해서는 일반적으로 말해서
동작, 행위, 성질, 발전 변화, 상태의 정도, 범위 등을 표시하는 부사
부사어는 문두로 옮길 수 없다. 어떤 의미를 표시하는 단음절 부사 부

사어를 막론하고 문두로 옮길 수 없고, 어떤 특정 함의와 작용을 가지고 있는 부사 부사어는 자유롭게 문두로 옮길 수 있다.

　簡直, 幸虧, 忽然, 也許, 大概, 反正, 偶爾, 當然, 向來, 方才와 같은 이러한 부사 부사어는 왜 문두로 옮길 수 있는 것인가? 대량의 언어 현상 중 우리는 부사 부사어가 문두로 이동하는 것은 필히 일정한 조건을 가지고 있음을 발견할 수 있다.[156]

　첫째, 많은 것이 어휘의미가 그다지 허화하지 않은 쌍음절사(단음절 부사의 어휘의미는 대다수 이미 허화되었다)이고, 많은 것이 어떤 가능성에 대한 예측이나 어떤 가능성의 출현에 대한 특수한 감정을 표시하는 단어이다.

　둘째, 이러한 문두로 이동할 수 있는 부사 부사어는 여전히 밀접하게 그것들이 수식하는 술어 성분과 관련되어 전체 문장에 작용하고, 그 구체적 기능은 먼저 모종의 감정 색채로서 사람에게 영향을 주거나 먼저 모종의 분위기를 만든다. 그런 후에 어떤 감정 색채나 분위기가 서로 조화하는 의미를 표현한다고 한다는 것이다.

　다음으로는 의도적으로 부사어를 문미로 이동시켜 '표현효과'를 거두는 부사어 후치의 경우를 살펴보도록 하자.

(136) 他走了過來, 大搖大擺地.
　　　그는 걸어왔다, 크게 흔들며.
(137) 他站起來了, 慢慢地, 顫顫抖抖地.
　　　그는 일어났다, 천천히, 떨면서.
(138) 他走來了, 悄悄地, 慢慢地. (范曉, 1998)
　　　그는 걸어왔다, 살금살금, 천천히.

---

156) 劉全利, 「試從某些副詞性狀語的位置看語法手段的制約性」, 北京語言學會 編(1984) 『語言學和語言敎學』, 安徽敎育出版社.

180

위의 예문(136)의 일반적 표현은 '他大搖大擺地走了過來'이다. 한정 성분 '大搖大擺地'는 受事성분 앞에서 전체 문장의 맨 뒤로 옮겨 더욱 드러나게 하였는데, 이 사람의 오만한 태도를 선명하게 표현하고 있 다. 예문(137)의 일반적 표현은 '他慢慢地顫顫抖抖地站起來了'인데, 어 순을 변화시킴으로써 두려워하는 감정을 더 두드러지게 하고 있다. 예 문(138)의 일반적 표현은 '他悄悄地慢慢地走來了.'인데, 어순을 변화시 켜 조심스러운 분위기를 연출하고 있다.

여기서 이야기하는 전체 문장의 맨 뒤로 옮긴다는 것은 묘사를 더욱 두드러지게 하는 것이다. 즉 이동을 통하여 강조하는 부분을 '문미초점' 에 두는 것이라고 할 수 있다. 주로 문예작품 가운데 작가가 의도적으 로 구어의 인물 대화를 모방하고, 명확한 서구화 경향을 띠고 있지만, 일상생활에서 이렇게 말하는 경우는 드물다. 예문을 들어 보자.

(139) 是呀. 我找着了他, 在一家小茶館裏…… (葉聖陶『夜』)
     맞습니다. 오늘 그를 찾았지요, 조그만 찻집에서.
(140) 學生們跑過來了, 從操場上, 從教室裏, 從學校的每一個角落. (范曉, 1998)
     학생들이 뛰어왔다. 운동장에서, 교실에서, 학교의 구석구석에서.
(141) 日本人當然以戰勝者的姿態出現. 北平人呢? 瑞宣曉得北平人的軟弱, 可是他也曉得在最軟弱的人裏也會有敢冒險去犧牲的, 在亡了國的時候 (老舍『四世同堂』)
     일본인은 당연히 전승자의 자태를 보였다. 북경인은? 서선은 북경 인의 나약함을 알았다. 그러나 그는 가장 연약한 사람 속에 희생을 무릅쓰는 사람이 있을 수 있다는 것도 알았다. 나라가 망했을 때는.

예문(139)(140)은 부사어가 장소를 보충 설명하는 것이고, (141)은 부사어가 시간을 보충 설명 혹은 조건을 설명하는 것이다. 부사어를 중심어의 뒤에 두면 어떤 때는 듣고, 읽기에 편리하게 하고, 긴 부사어가 중심어의 앞에 있어 부담이 되는 것을 피하기 위한 의도가 내재되어 있는 것이다. 이에 상응하는 예문을 보도록 하자.

> (142) 想起來就記得, 吳稚老的筆和舌, 是盡過很大的任務的, 淸末的時候, 五四的時候, 北伐的時候, 淸黨的時候, 淸黨以後的還是鬧不淸白的時候. (老舍『四世同堂』)
>
> 생각하니 기억이 난다. 오치로의 필과 혀는 커다란 임무를 다했다. 청말 때, 五·四 때, 북벌 때, 청당 때, 청당 이후에 여전히 혼란할 때.

우리는 여기서 관형어와 부사어의 후치이동의 공통성을 찾아볼 수가 있다. 그것은 구어에서는 '추가, 보충'의 의미, 문어에서는 추가 보충 이외에 '리듬조화의 추구'[157] 그리고 '강조'의 역할을 담당하는 공통점을 갖는다는 것이다. 이와는 달리 부사어가 길 경우에 부사어를 문두에 놓아 부사어의 의미를 두드러지게 할 뿐만 아니라, 전체 문장으로 하여금 빈틈없고 세련되게 한다. 다음 예문과 같은 경우이다.

> (143) 在這個反抗運動中, 在一個很長的時期內, 卽從一八四0年的鴉片戰爭到一九一九年的五·四運動的前夜共計七十多年中, 中國人沒有甚麼思想武器可以抗御帝國主義 (毛澤東『唯心歷史觀的破産』)
>
> 이 반항 운동 중, 아주 긴 시간 동안, 즉 1840년대 아편전쟁에서 1919년 五·四운동 전야의 70여 년대, 중국 사람은 제국주의에 대항할 수 있는 어떤 사상 무기가 없었다.

---

157) 이러한 근거는 Jespersen이 이야기한 '상대적인 무게의 원칙(the principle of relative weight)'과 관련지어 생각할 수 있다고 본다. 그리고 C. T. James Huang(1992)의 논문에서 나오는 좀 더 가벼운 요소를 좀 더 무거운 성분 앞에 배열할 것을 요구하는 표면 문체 효과(surface stylistic filter)를 따른다는 것과, Kuno(久野)가 이야기한 '輕에서 重으로의 어순'과도 일맥상통하는 면이 있다.

　이와 같이 도치문에 대한 연구는 구체적인 문의 담화 환경을 이해하는 것을 도울 수 있고, 문형의 화용 가치를 분석하는 것을 돕는다. 그러므로 어순변화가 일어나는 가장 근본적 원인을 정리하면, 첫째, 문법상의 필요와 습관에서이다. 둘째, 어떤 특정어를 강조하기 위해서이다. 셋째, 문체상의 이유이다. 넷째, 문리듬(sentence rhythm)과 균형 유지의 이유로 어순변화가 일어난다고 할 수 있다.

　어순변화를 시도하는 것은 평이한 단조로움을 깨뜨리려는 '심리적 요인'의 작용이라고 할 수 있다. 문장에 어떤 변화를 시도하여 해당 맥락에서 강조를 하거나 청자(독자)로 하여금 신선한 감을 느끼게 하여 표현효과를 극대화하려는 데 있다. 언어 의사소통의 심리지향은 의사소통의 목적에서 결정하는 것이다. 만일 표현할 때 의도적으로 어순을 변화시키면 청자(독자)는 어순을 변화시키지 않았을 때보다 더욱 많은 주의를 하게 되고 따라서 인상은 더욱 깊어지고 표현효과도 강하게 된다. 사실상 문언에서든 현대 구어에서든 적당히 어순을 변화시켜 표현효과를 높이는 상황은 보편적으로 존재하는 것이다. 어순변화를 통한 초점화는 결국은 화자(작자)의 심리적 의도가 반영되어 나타나는 결과물이라고 할 수 있다.

　요약하면, 우리는 정보를 가장 효율적으로 전달하고자 하는 의도를 가지고 있는데, 화자의 DS는 인지(cognition) 심리와 관계가 있고, 어순의 배열은 화자의 DS의 결과라고 할 수 있다. 본 장에서는 화자(작자)의 DS 의도에 의하여 어순이 구성되고, 문장의 초점이 달라짐을 '문두 위치 초점화', '비문두 위치 초점화'를 통하여 살펴보았다. '문두 위치 초점화', 즉 '화제화' 역시 화자의 심리적 강조의도가 강하다. '비문두 위치 초점화'에서의 '전치이동'과 '후치이동' 중에는 '추가·보충·강조'의 의미 이외에 '리듬요인'을 통한 안정적 어순 배열을 찾기도 한다는 것을 확인하였다. 이 모든 것은 정보전달을 효율적으로 하기 위한 화자의 심리적 의도가 강하게 작용하는 결과로 나타나는 '어순의 활용' 이라고 할 수 있다.

제 5 장

결 론

  본 논문에서는 중국어에서 어순을 결정하는 요인이 무엇인지를 고
찰하였다. 본 논문에서는 특히 기능, 인지를 기초로 정보·초점 구조
를 중심으로 탐색하여 중국어의 어순 구성 현상을 해석하려고 시도하
였는데, 이 방법이 언어의 실제 활용에 부합하여 실용성을 가지고 있
기 때문이다.

  1. 어순을 결정하는 요인은 통사, 의미, 인지, 화용, 음운 등으로 나
눌 수도 있지만 논의의 전개상 크게 통사론적 요인, 의미론적 요인,
인지화용론적 요인으로 나누어 서술하였다. 이 세 가지는 상호 작용할
수 있음을 보았다. 어순을 결정하는 요인이 무엇인가를 기능적 관점에
서 탐색하는 데 목적을 둔 이유는 만약 어순을 통사, 의미 구조의 범
위로 제한한다면, 허다한 현상을 명확히 설명할 수가 없기 때문이다.
어순은 통사와 관련이 있을 뿐만 아니고 의미와도 관련이 있고, 언어
자체 이외의 요소, 즉 인지화용론적 요인과도 관련이 있기 때문이다.
본 고에서는 이러한 작업과정을 통하여 중국어의 풍격(風格)을 찾을
수도 있음을 제기하였다.

  2. 본 논문에서는 어순 결정요인의 동태적 연구—어순과 정보구조
((information structure, 이하 IS), 화제(topic)와 초점(focus)의 기능적
탐구—를 통하여 작문이나 담화에 어순을 전략적으로 활용할 수 있는
능력을 향상시키고자 시도하였다. 지금까지의 연구는 주로 화제 쪽에
관심을 두고 이루어졌지만, 본 논문에서는 담화에 있어서 중국어 어순
의 IS를 통한 어순의 결정과 IS와 어순의 '초점화'에 의한 어순 결정을
다루었다. 본 논문에서는 Dik의 기능문법(function grammar) 이론을
바탕 삼아 문장 이상의 언어단위를 어순 결정 고찰의 주요 대상으로
하고, IS와 '초점화'에 의한 담화 전략적 각도에서 어순의 구성을 살펴
보았다. 사람들이 언어를 사용할 때는 의사소통의 수요에서 나오고, 필

히 정보전달 기능의 각도에서 어순을 결정하는데 이것은 각종 언어에서 공통이다. 어순도 언어가 가진 전달 기능을 최대화하는 임무를 띤 하나의 수단이라고 할 수 있는데, 중국어와 같이 문법 형태소가 발달되지 않은 언어에서는 어순의 정보 전달적 기능이 더욱 두드러진다.

　3. IS에 의한 어순 구성에 대한 연구를 통해서 중국어 어순을 제약하는 기능요소를 살펴보았는데, 기능적 요인들이 어순에 어떠한 영향을 미치는가에 대한 고찰이다. 어순의 기능적 접근은 실용성을 가지고 있다고 할 수 있으며, 문장의 정보 초점과 화자가 관심을 갖는 대상은 언어를 활용하고 이해하는 과정에서 고려해야만 하는 주요한 요소임을 밝혔다. IS란 화자(작자)가 청자(독자)에게 가장 효과적으로 정보를 전달하기 위하여 선택하는 구조라고 할 수 있다. IS에 대한 연구는 문법과 담화의 상호작용에 관한 연구이다. 문장은 의미구조만을 갖는 것이 아니라 담화를 통한 정보의 효율적인 전달과 관계하는 IS도 가지고 있으며, 이 IS는 문장의 형태와 구조에도 체계적으로 반영되기 마련이다. IS는 구정보와 신정보를 포함하고, 소위 정보교류는 구정보와 신정보 사이의 상호작용이다. 어순은 구정보와 신정보의 실현에 영향을 받고, '구정보-신정보'의 배열은 중국어에서 어순을 결정하는 원칙으로 작용하고 있는데, 이는 다시 말하면, 어순이 정보전달 기능의 하나의 유효한 수단이라고 할 수 있다.

　4. 중국어에서는 '구정보-신정보' 배열만이 아닌 '신정보-구정보', '구정보-신정보-구정보'도 출현하는데, 어순 구성은 '문법성' 외에 '적절성'도 갖추어야 함을 제기하였다. 정보전달의 '효용성'을 고려한다면 어순변환의 다양성은 필요 불가결한 것이고, 화자(작자)의 담화전략(discourse strategies, DS)을 반영하는 어순의 다양성은 표현을 다채롭게 할 수 있다. 한정과 비한정은 언어의 IS에서의 개념이고, 한정,

비한정에 대해서 중요한 작용을 하는 것은 어순이라고 할 수 있다. 구정보의 요소는 대체로 한정성의 통사적 특성을 반영하고, 신정보는 비한정성의 특성을 나타낸다. 신정보의 의미 중점은 초점이라 하고 통상문미에 출현하여 '문미초점(end focus)'이 된다. 그리고 '화제초점', '문미초점'과 더불어 '대비초점(contrastive focus)'의 문제도 중요한 작용을 함을 다루었다. IS에서는 단순히 '화제=구정보', '평언=신정보', '평언=초점'의 관계는 아니라는 것과 초점 안에도 '핵심초점(main focus)'이 있음을 제기하였다. 정보초점은 복잡한 언어학 문제이고 동시에 통사, 의미와 화용 측면을 언급해야 한다. 언어 정보초점의 연구는 사람들이 이미 내재화된 LC를 더욱 잘 이용하고 다양성의 의사소통 목적을 만족시키는 데 도움이 된다. 그러므로 화행(speech act)을 적절히 하고 문장을 정확히 해석하기 위하여 문장 내에서 화제와 초점이 갖는 기능을 파악해야 함을 제안하였다.

5. IS와 더불어 다루는 또 다른 문제는 문맥에서 유리된 단문 어순을 다루는 기본 규칙에서 한 걸음 더 나아가 어순 결정이나 그 변형에 있어서 어떠한 요인이 작용하는가를 고찰하고, 중국어 어순변화 연구는 어떠한 '효용성'을 갖는가를 살폈다. 어순에 대해서 연구하려면 어순의 정태를 연구해야 할 뿐만 아니라 문장의 동태, 즉 문장의 어순변화와 관련한 연구도 해야 하는데, 이는 더욱 실용 의미를 가지고 있기 때문이다. 언어를 연구하려면 화자와 청자가 상호 작용함으로써 의사소통을 가능하게 하는 화용 규칙과 이 상호 작용을 가능하게 하는 언어 표현을 만드는 통사, 의미, 화용, 음운 규칙을 함께 다루어 DS에 응용하여야 함을 제기하였다.

6. 본 논문에서는 화자(작자)의 의도, 즉 DS에 의한 어순 결정을 제기하였는데, 글을 쓰거나 담화 중에는 언제나 화자(작자)의 의도가

개입되기 마련이고, 정보 전달의 '표현효과'라는 것을 고려하기 때문이라는 것을 밝혔다.

어순이 다르다고 하는 것은 단순히 내용은 같으면서 형식만 달라지는 것이 아니다. 이들은 제각기 전혀 다른 의사소통의 목적을 달성하기 위해 쓰이고 있는데, '심리적 요인'에 의하여 강조하는 초점이 다르기 때문이라고 할 수 있다. 어떤 언어환경에서 어떤 격식을 사용하는가. 이것은 화자의 표현의도, 즉 화자나 작자의 담화 전략적 의도인 심리적 요인에 의하여 결정되는 것이라고 할 수 있다.

7. 본 논문에서는 화자와 청자 사이에 이루어지는 의사소통의 담화 전략적 상관관계를 아래와 같이 도식화할 수 있음을 제기하였다.

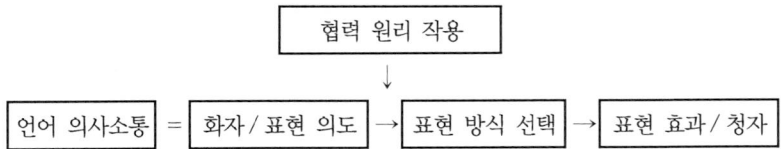

이는 달리 말하면, 언어의 의사소통은 화자와 청자 사이에 의미를 전달하는 것이고, 화자가 의사소통의 '표현의도'를 가지고 있으면 먼저 '표현방식'을 선택하게 되는데, 다른 표현 방식은 다른 표현 특징과 의사소통 기능을 가지고 있다. 표현방식을 선택하는 과정 중에 Grice가 제기한 '협력원리'가 작용하여 '표현효과'의 파급이 청자에게 미치는 것이다. 이것은 결국 의사소통의 '효용성'을 높이기 위해서는 어순변화를 통한 담화 전략적 접근이 필요하다는 것을 제시하여 주는 것이라고 할 수 있다.

8. 어순변화는 많든 적든 약간의 표현상의 변화를 일으킬 수 있고, 어떤 경우 어순변화는 명확한 의미변화를 일으킨다. 중국어의 문법구

조는 사유발전의 필요에 따라 점차 풍부해지고 다양화되어 어순은 여러 가지 변화가 출현하게 되었는데, 이는 당연한 귀결이라고 볼 수 있다. 어순변화는 통사 구조의 변화를 초래하고, 통사 구조의 변화는 논리관계, 의미 내용과 화용, 수사 의미의 변화를 초래한다. 의사소통 행위는 사람의 일종의 외재적 행위이고 동시에 일종의 내재적 심리활동이다. 화자의 DS는 인지심리와 관계가 있는데, '어순은 화자의 DS의 결과'라고 할 수 있다. 현대중국어에서 각종 유형의 어순변화(도치, 변환)에 대한 연구는 중국어 문법연구를 더욱 계통화하고 더욱 규칙화하는 데 편하고 실용적인 수요에 부합할 것이라고 본다.

9. 어순 구성에 있어서 기본적으로는 문법적 순서가 심리적 순서보다 우선이지만 어순변화를 통한 강조문의 경우는 심리적 어순이 문법적 어순에 앞선다고 본다. 본 논문에서는 李臨定(1988), 傅雨賢(1996)이 제기했듯이 어순변화의 제약은 '실사가 같고, 경우에 따라 허사의 첨삭이 이루어지고, 기본적인 의미를 유지하는 범위 내에서 성분들이 자리바꿈을 하는 현상'으로 제한하였다. 어순변화의 담화 전략적 측면에 있어서는 '문두 위치 초점화', 즉 화제화(topicalization)와 '비문두 위치 초점화(전치이동에 해당하는 목적어 전치와 파자문(把字句), 후치이동에 해당하는 주술도치, 관형어 후치, 부사어 후치)'로 나누어 서술하였는데, 화제화도 초점화도 의도적인 DS에 의해 일어나는 것이라 본다.

통사성분의 '화제화'는 통사성분이 그 원래의 위치를 떠나 문두로 전치이동을 하여 화제가 되는 것이다. '화제화'와 '초점화'는 화자의 주관적인 심리 의도에 의한 문장의 일종의 화용변화라고 할 수 있다. 어순의 초점화는 정보성분을 조직하고 구성하는 과정이고, 의미성분과 통사성분을 화용표현의 요구에 근거하여 결합하는 과정이다. 화제화의 위치는 문두로 고정되려는 경향이 있지만, 초점화는 상대적으로 위치 선정이 자유롭다는 점이 다르다. 초점을 통한 어순 분석은 화제를 통한 어순 분석으로 설명할 수 없었던 현상을 잘 설명할 수 있고, 초점이 화제가 될 수 있지만, 화제가 반드시 초점일 수는 없다. 어순변화는 임의적이고 무조건적인 것 같지만 실제 언어 활용 가운데 언어환경의 제약을 받아 문형을 선택한다. 파자문(把字句)의 사용은 물론 통사적 요인에 의한 것이라고도 볼 수 있는 측면이 있지만, 그와 더불어 '현실성의 원칙(the principle of actuality)'에 의해 구정보를 선행시키려는 화자의 심리적인 의도가 강하게 작용하는 경우라고 보는데, 이는 PTS와도 관련이 있는 것이라고 볼 수 있다.

10. 요약하면, 중국어 어순을 결정하는 요인을 찾는 것은, 중국어 어순을 제약(constraint)하는 원인을 찾는 것이고, 그것을 찾게 되면 구어나 문어에서의 오류를 줄일 수 있고, 어순 부적합과 관련된 비문을 가려내는 데 있어서도 도움이 될 것이다. 본 논문에서는 기능적 접근 방식에 의하여 중국어 어순 결정요인을 찾고자 하였는데, 중국어 어순의 결정 요인은 앞에서 살펴본 바와 같이 어느 한 원칙에 의하여 좌우된다기 보다는 어순을 결정하는 여러 요인들이 상호 복합적으로 작용하여 이루어지는 것이라는 것을 확인할 수 있었다. 큰 틀로써 이야기하면 중국어 어순은 통사, 의미, 인지 화용 요소에 의하여 결정되는데, 어순변화에 의한 실제적 활용에 있어서는 3가지 요인 중에서 특히 인지 화용 측면이 가장 강하게 작용함을 밝혔다.

이상이 본 논문에서 정보·초점을 중심으로 살펴본 어순의 개략적인 고찰이다.

본 논문에서는 다루지 못한 것이 있는데, 첫째, 파자문과 피동문을 연계하여 다루지 못했다. 파자문은 피동문과 연계하여 연구하는 것이 필요한데, 이 두 가지를 함께 살펴보아야 하는 것은, 把와 被구조가 많은 공통의 의미적 통사적 특성을 공유하고 있고, 이를 어순의 담화 전략적 차원에서 연구할 가치가 있기 때문이다. 둘째, 어순변화는 문법상의 작용만이 아니라 수사 작용도 가지고 있다. 본 논문에서는 어순의 실제적 활용의 하나라고 할 수 있는 '어순의 수사적 표현효과'에 대해서는 다루지 못했는데, 이것은 추후의 연구과제로 남기기로 한다.

외국어 교육의 목표가 결국 담화를 이해하고 표현하는 기능을 신장시키고자 하는 것이라면 LP에 대한 연구가 요구되는 것은 당연하다고 본다. 이러한 어순의 기능 측면의 연구는 CC를 배양하는 원동력이 될 수 있을 것이다.

지금까지 우리의 중국어 교수법의 경향은 어순을 이야기할 때 주로 중국어의 구조와 문법에만 집중되었으며, 그 결과 문법과 구조에 대해서는 상당한 지식을 갖고 있으면서도 실제로 의사전달 상황에 부딪치게 되면 효과적으로 잘 대처하지 못한 것이 사실이다. 본 논문에서 다룬 어순의 기능적 접근법을 중국어 교육에 접목시켜 작문이나 담화에 활용할 수 있는 능력을 배양시키는 것도 필요한데, 이는 우리에게 남겨진 중국어 교육의 가장 중요한 과제 중의 하나라고 본다.

參考文獻

1. 國外資料

1) 單行本

江天(1983)『現代漢語語法通解』, 遼寧人民出版社

高名凱・石安石主編(1963)『語言學槪論』, 中華書局

戴昭銘(2000)『漢語硏究的新思維』, 黑龍江人民出版社

馬學良・瞿靄黨 主編(1997)『普通語言學』, 中央民族大學出版社

范曉 主編(1998)『漢語的句子類型』, 書海出版社

傅雨賢(1996)『現代漢語語法學』, 廣東高等敎育出版社

史有爲(1997)『漢語如是觀』, 北京語言文化大學出版社

常敬宇(1996)『語用. 語義. 語法』, 杭州大學出版社

徐烈炯(1990)『語義學』, 語文出版社

徐通鏘(1997)『語言論』, 東北師範大學出版社

邵敬敏(1993)『漢語語法學史稿』上海敎育出版社

宋玉柱(1991)『現代漢語特殊句式』, 山西敎育出版社

申小龍(1988)『中國語言的結構與人文精神』, 光明日報出版社

沈家煊(1999)『不對稱和標記論』, 江西敎育出版社

楊成寅(1993)『現代漢語句型槪論』, 內蒙古敎育出版社

194

楊合鳴 編著(1996)『古今語法差異』, 社會科學文獻出版社

呂叔湘(1979)『漢語語法分析問題』, 商務印書館

呂叔湘・朱德熙(1979)『語法修辭講話』中國青年出版社

呂叔湘等 著 馬慶株 編(1999)『語法研究入門』, 商務印書館

呂香雲(1985)『現代漢語語法學方法』, 商務印書館

吳月珍・柴春華 主編(1997)『漢語修辭學研究和應用』, 河南人民出版社

王 力(1943)『中國現代語法』, 『王力文集』第2卷

＿＿＿(1954)『中國語法理論』上册, 商務印書館

王福祥(1989)『漢語話語語言學初探』, 商務印書館

王占馥(1995)『語境與語言運用』, 內蒙古教育出版社

王希傑(1996)『修辭學通論』, 南京大學出版社

袁暉・戴耀晶 編(1998)『三個平面: 漢語語法研究的多維視野』, 語文出版社

魏岫明(民國81)『漢語詞序研究』, 唐山出版社

劉寧生(1995)『漢語偏正結構的認知基礎及其在語序類型學上的意義』, 『中國
　　　語文』第2期

劉又辛(1997)『漢語漢字答問』, 商務印書館

劉煥輝 主編(1997)『言語交際學基本原理』, 江西教育出版社

陸善采(1993)『實用漢語語義學』, 學林出版社

李臨定(1987)『現代漢語語法的特點』, 人民教育出版社

＿＿＿(1988)『漢語比較變換語法』, 中國社會科學出版社

李子雲(1994)『漢語句法規則』, 安徽教育出版社

林杏光(1990)『漢語句型』, 中國國際廣播出版社

張敏(1998)『認知語言學與漢語名詞短語』, 中國社會科學出版社

張斌(1998)『漢語語法學』, 上海教育出版社

張靜 主編(1985)『現代漢語上册』, 上海教育出版社

張伯江・方梅(1996)『漢語功能語法研究』, 江西教育出版社

張志公(1956)『漢語語法常識』, 新知識出版社

＿＿＿(1985)『現代漢語中册』, 人民教育出版社

錢冠連(1997)『漢語文化語用學』, 清華大學出版社

丁聲樹等(1961)『現代漢語語法講話』, 商務印書館.

鄭遠漢(1998)『言語風格學』, 湖北教育出版社

鄭頤壽·林承璋 主編(1987)『新編修辭學』, 鷺江出版社

曹逢甫著 謝天蔚 譯(1995)『主題在漢語中的功能研究』, 語文出版社

趙元任(1968)『漢語口語語法』, 中譯本, 商務印書館 1979年

朱德熙(1982)『語法講義』, 商務印書館

陳望道(1959)『修辭學發凡』, 上海文藝出版社

沈開木(1996)『現代漢語話語語言學』, 商務印書館

湯廷池(民國66年)『國語變形語法研究 修訂四版』, 臺灣學生書國印行

_____(民國77年)『漢語詞法句法論集』, 臺灣學生書國印行

馮勝利(1997)『漢語的韻律, 詞法與句法』, 北京大學出版社

_____(2000)『漢語的韻律句法論』, 上海教育出版社

許威漢(1997)『語林探勝』, 中州古籍出版社

邢公畹 主編(1992)『現代漢語教程』, 南開大學出版社

邢福義 主編(1999)『漢語語法特點面面觀』, 北京語言文化大學出版社

胡裕樹(1987)『現代漢語(增訂本)』, 上海教育出版社

胡壯麟·朱永生·張德祿 編著(1996)『系統功能語法概論』, 湖南教育出版社

黃伯榮·廖序東(1993)『現代漢語(增訂版)下冊』, 高等教育出版社

[日] 太田辰夫 著 蔣紹愚·徐昌華 譯(1987)『中國語歷史文法』, 北京大學
　　　出版社

狄昌運 編 [日]岡田勝 譯(1997)『怎樣說得對?』, 北京語言文化大學出版社

2) 論　文

高名凱(1960)「語言風格學的內容和任務」, 『語言學論叢』, 第4輯, 商武印書館

郭振華(1994)「詞序和詞序變換」, 『對外漢語教學研究會第二次學術討論會論
　　　文選』, 北京語言學院出版社

戴浩一(1985), 黃河 譯「時間順序和漢語的語序」, 『國外語言學』, 第1期

陶紅印·張伯江(2000)「無定式把字句在近現代漢語中的地位問題及其理論意義」,
　　　『中國語文』, 第5期

196

廖秋忠(1992)「現代漢語竝列名詞性成分的順序」,『廖秋忠文集』, 北京語言
　　　學院出版社

孟琮(1982)「口語裏的一種重複-兼談"易位"」,『中國語文』, 第3期

文煉(1991)「與語言符號有關的問題-兼論語法分析中的三個平面」,『中國語文』
　　　第2期

文煉・胡附(1984)「漢語語序研究中的幾個問題」,『中國語文』, 第3期

潘曉東(1981)「談談定語的易位現象」,『中國語文』, 第4期

方梅(1995)「漢語對比焦點的句法表現手段」,『中國語文』, 第4期

方經民(1994)「有關漢語句子信息結構分析的一些問題」,『語文研究』, 第2期

范開泰(1992)「與漢語名詞項的有定性有關的幾個問題」,『語法研究和探索(六)』,
　　　語文出版社

范繼淹(1999)「語言的信息」,『中國語文』, 第2期

范繼淹・徐志敏(1981)「關于漢語理解的若干句法,語義問題」,『中國語文』1

符達維(1984)「現代漢語的關定語後置」,『重慶師院學報』4

史存直(1982)「從漢語語序看分布理論」,『河南師大學報』2

徐杰・李永哲(1993)「焦點和兩個非線性語法範疇: "否定""疑問"」,『中國語
　　　文』, 第2期

徐建華(1996)「多項多元性單音形容詞定語的語序規則」,『漢語學習』, 第3期

徐子亮(1999)「外國學生漢語學習策略的認知心理分析」,『世界漢語教學』, 第4期

徐通鏘　「語義句法芻議-語言的結構基礎和語法研究的方法論初探」,『80年代
　　　與90年代中國現代漢語語法研究』, 北京語言學院出版社

邵敬敏(1987)「從語序的三個平面看定語的移位」,『華東師範大學學報』

宋玉柱(1995)「"賓語前置"說的一個佐證」,『語法論稿』, 北京語言學院出版社

辛菊・衛齊(1995)「漢語基本句型及其思維形式」,『汕頭大學學報』2

申小龍(1984)「漢語語言類型的新探索」,『復旦學報』第6期

_____(1986)「論張世祿語言哲學的民族性」(署名小丹),『復旦學報』第2期

_____(1989)「論漢語主題的類型學特徵」,『山西大學學報』第2期

沈開木(1992)「話題,述題和已知信息,未知信息」,『語言教學與研究』, 第4期

呂叔湘(1986)「主謂謂語句舉例」,『中國語文』第5期

吳爲章(1995)「語序重要」,『中國語文』, 第6期

溫鎖林(1996)「語法研究語用平面的幾個問題」, 複旦大學博士學位論文

_____,「漢語句子的新式安排及其句法後果」, 袁暉·戴耀晶 編(1998)
　　　　『三個平面: 漢語語法研究的多維視野』, 語文出版社

王福祥(1992)「英漢語主題結構的對比研究」,『對比語言學論文集』, 外語敎
　　　　學與研究出版社

王一敏(1993)「"把"字句的語用結構分析」,『上海師範大學學報』1

王定芳(1983)「漢語語序問題」,『湘潭大學社會科學學報』, 第4期

王希傑(1987)「施受·詞序·主賓語」,『南京大學學報』, 第3期

牛保義(1999)「主題提升理論評介」,『當代語言學』第1卷

袁毓林(1996)「話題化及相關的語法過程」,『中國語文』, 第4期

劉丹靑·徐烈炯(1998)「焦點與背景,話題及漢語"連"字句」,『中國語文』4期

兪咏梅(1999)「論"在+處所"的語義功能和語序制約原則」,『中國語文』1

劉月華(1983)「狀語的分類和多項狀語的順序」『語法研究和探索(一)』, 北京
　　　　大學出版社

_____(1984)「定語的分類和多項定語的順序」『漢語語法論集』, 現代出版社

劉全利 「試從某些副詞性狀語的位置看語法手段的制約性」, 北京語言學會編
　　　　(1984)『語言學和語言教學』, 安徽教育出版社

劉澤民(1996)「從漢語看漢民族的傳統時間觀」,『蘭州大學學報 : 社科版』

兪洪亮·賈愛武(1994)「信息焦點在英漢互譯中的處理」,『河南師範大學學報』,
　　　　第21卷 第1期

劉鑫民(1995)「焦點, 焦點的分布和焦點化」,『師範學院學報(哲社版)』, 第1期

陸儉明(1982)「關于定語易位的問題」,『中國語文』, 第3期

_____(1986)「周遍性主語句及其他」,『中國語文』, 第3期

_____(1993)「漢語口語句法里的易位現象」,『現代漢語句法論』, 商務印書館

陸丙甫(1988)「定語的外延性,內涵性和稱謂性及其順序」,『語法研究和探索(四)』,
　　　　語文出版社

李寧·王小珊(2001)「"把"字句的語用功能調查」,『漢語學習』第1期

李臨定(1991)「語法研究回顧」,『世界漢語教學』, 第3期

李作南・李仁孝(1984)「施動名詞和受動名詞的語序變化及其他」,『內蒙古大學學報』3期

李晉荃(1992)「句子結構的語用安排」, 揚州師範學報 2

_____(1995)「句法成分的話題化」,『語法研究和探索(七)』, 商務印書館

林學良(1987)「漢語句法結構和邏輯結構的一致性」,『中國語文研究』第9期

張傑(1993)「漢語主題轉換及其制約」,『安慶師範學院學報』第1期

張寧(1994)「試論運用功能法教"把"字句」,『語言教學與研究』, 第1期

張伯江・方梅(1995)「北京口語易位現象的話語分析」,『語法研究和探索(七)』, 商務印書館

張伯江(1991a)「關於動趨式帶賓語的幾種語序」,『中國語文』, 第3期

_____(1991b)「動趨式和賓語語序的考察」, 中國社會科學院 碩士學位論文

張煉強(1998a)「漢語語序的多面考察(上)」,『語言文字學』3期

_____(1998b)「漢語語序的多面考察(下)」,『語言文字學』3期

張旺熹(1991)「"把字結構"的語義及其語用分析」,『語言教學與研究』3

錢乃榮(1989)「話題句與話題鏈」,『漢語學習』, 第1期

鄭振賢(1995)「論漢語詞序安排的基本原則」,『語文研究』, 第3期

趙金銘(1993)「同義句式說略」,『世界漢語漢語教學』, 第1期

趙振才(1985)「漢語簡單句的語序和強調」,『語言教學與研究』, 第3期

鐘志平(1995)「也談多項定語的順序問題」,『贛南師範學院學報』1

陳乃凡(1982)「談一些定語的問題」,『中國語文』第1期

崔應賢・朱少紅(1993)「主語賓語問題研究概觀」,『河南師範大學學報』3

湯廷池(1979)「語言分析的目標與方法兼談語句,語義與語用的關係」, 1979年亞太地區語言教學研討會論集

_____(民國69年)「國語分裂句,分裂變句,準分裂句的限制之研究」,『教學與研究』, 國立臺灣師範大學文學院

彭蘭玉(1996)「變換分析法在漢語中的運用」,『衡陽師專學報』4

何偉漁(1994)「語法的情態分析和動態分析」,『上海師範大學學報』3

胡明亮(1991)「淺談漢語詞序的篇章功能」,『語言教學與研究』第3期

胡裕樹・陸丙甫(1988)「關於制約漢語語序的一些因素」,『烟台大學學報』1

胡壯麟(1989)「語義功能與漢語的語序和詞序」,『胡北大學學報』, 第4期

曉瓏「漢語語序研究述評」, 朱一之　王正剛　選編(1987),『現代漢語語法研究的現狀和回顧』, 語文出版社

西槇 光正(1990)「"把"字用法新探」,『言語文化論叢』32號 2-上

_____(1991)「語境與語言研究」,『中國語文』第3期

William. J. Baker 陳平 譯(1985)「從"信息結構"的觀點來看語言」,『國外語言學』, 第2期

C. T. James Huang(1992) "Complex Predicates in Control", Control and Grammar, Kluwer Academic publishers

Chao Yuen-Ren(1968) *A Grammar of Spoken Chinese*. Caves Books, Ltd.(呂叔湘 譯(1979)『漢語口語語法』, 商武印書館)

Dik, S.C(1978) *Functional grammar*. North-Holland Linguistics Series 37

Givón, Talmy(1971) "Historical Syntax and Synchronic Morphology: An Archaeologist's Field Trip." CLS 7

Green, G. M.(1974) "The Function of Form and the Form and of Function." CLS 10

Green, G. M.(1980) "Some Wherefores of English Inversions." Language 56.3

Greenberg, J. H.(1966) "Language Universals", T.A. Sebok ed., Current Trends in Linguistics Vol. III. Theoretical Foundations, Rainbow, Bridge Book Co

Grice, P.(1975) *Logic and Conversation*. P. Cole and J. Morgan(eds.) Syntax and Semantics 3 : Speech Acts. N.Y.: Academic Press.

Hymes, Dell(1972) *On Communicative Competence*. In Pride and Holmes.

Jackendoff, R.(1992) *Semantic Interpretation in Generative Grammar*. the MIT Press

James H-Y. Tai(1993) "Some Recent Issues in Iconicity and Chinese Grammer" Abstract for ICCL2, Paris, France

Julia Penelope(1982) "Topicalization: the rhetorical strategies it serves and the interpretive strategies it imposes", Linguistics 20, Mouton Publishers

Leech, G.M. (1983) *Principles of Pragmatics*, New York : Longman

Lehman, Winfred P. (1973) "A Structural Principal of Language and Implications," Language 49. 47-66

Li, C.N. & Thompson, S.A.(1976) "Subject and Topic : A New Typology of Language" in Li(ed.)(李谷城 摘譯(1984)〈主語與主題: 一種新的語言類型學〉, 『國外語言學』第2期)

Li, Charles N. and Sandra A. Thompson (1981) *Mandarin Chinese A : Functional Reference Grammar*. University of California Press(黃宣範 譯(1983)『漢語語法』, 文鶴出版有限公司 / 박정구 외 역(1989) 『표준중국어문법』, 한울아카데미)

Robert De Beaugrande(1992) "Topicality and emotion in the economy and agenda of discourse" Linguistics 30, Mouton Publishers

Tai, Jame H-Y.(1973) "Chinese as an SOV Language", CLS 9. 659-670

Tsao Feng-fu(1978) "Subject and Topic in Chinese", in Cheng, Li and Tang, eds

Tsao Feng-fu(曹逢甫,1979) *A Functional study of topic in Chinese : The first step towards discourse analysis*. Student Book Co., Ltd(謝天蔚 譯(1995)『主題在漢語中的功能研究-邁向語段分析的第一步』, 語文出版社)

Yat-Shing Cheung(1976) *Word Order Change in Chinese: Some Contributing Factors and Implications*, Ph.D.dissertation, University of California San Diego

Yong-Kwon Jung(2000) A *Discourse-Functional Analysis of Inversion Constructions in English*. Ph.D.dissertation, Hankuk University of Foreign Studies

2. 國內資料

1) 單行本

권재일(1992)『한국어 통사론』, 민음사

김기혁(1995)『국어문법연구』, 박이정출판사

김민수(1971)『국어 문법론』, 일조각

金承烈(1990)『國語語順研究』, 翰信文化社

박근우(1992)『영어담화문법』, 한신문화사

朴勝允(1990)『機能文法論』, 翰信文化社

서정수(1991)『현대 한국어 문법 연구의 개관』, 한국문화사

이기동(1992)『언어와 인지』, 한신문화사

임지룡(1977)『인지의미론』, 탑출판사

齊滬揚 著 南宮良錫 譯(1998)『실용현대중국어어법』, 시사에듀케이션

蔡 琬(1986)『國語 語順의 研究』, 國語學會

湯廷池 지음 박종한 옮김(1990)『中國語 변형생성문법』, 學古房

한국중국언어학회 (1998)『中國語語順研究』, 송산출판사

許 璧(1993)『中國語法學史』, 서울: 三聯書店

황적륜(1984)『영어교수법』, 신영미 문학총서 제18권, 신아사

D. Sperber D. Wilson 共著 김태옥 이현호 共譯(1994)『인지적 화용론』,
　　한신문화사

2) 論 文

金守坤(1996)「영어 담화에서 초점의 역할」, 경남대학교 박사학위논문

김영화(1989)「프라그학파의 언어이론－주제, 초주제, 주어 및 문단구성
　　에 대하여」,『영어영문학』제35권 2호

金玧廷(1999)「現代中國語의 前置詞句와 否定語間의 語順關係에 對한 研
　　究」, 한국외국어대학교 석사학위논문

김종보(1995)「영어 어순의 결정요인에 관한 연구」, 부산대학교 박사학위
　　　　논문

金昌浩(1983)「국어 부사어의 어순에 관한 연구」, 계명대학교 석사학위논문

남궁양석(1997)「韓國語·中國語 重義에 관한 小考」,『中國語文論叢』12輯

　　　　(1999)「現代中國語 語順 決定要因의 考察」,『中國語文論叢』17輯

　　　　(2000)「中國語 초점에 관한 연구」,『中國學硏究會』18輯

박건영(1998)「現代 中國語의 把字句 硏究(2)」, 韓國中語中文學會 第23輯.

박승윤(1986)「담화의 기능으로 본 국어의 주제」,『언어』제11권 제1호,
　　　　한국언어학회

朴正九(2000)「有-NP-VP」,『中國語文論叢』第19輯

朴鍾漢(1990)「명사구의 한정성과 중국어의 주제」, 성심여자대학논문집 22집

송석만(1992)「영어 문장초점에 관한 연구」, 부산대학교 박사학위논문

李苑雨(1985)「現代 中國語 語順의 類型硏究」, 단국대 석사학위논문

李鎭英(1998)「漢語에 있어서 處置文의 語順 硏究」,『中國語文學』第31輯,
　　　　嶺南中國語文學會

李彰浩(1996)「현대한어 주제에 관한 담화 화용론적 연구」, 고려대학교
　　　　박사학위논문

張泰源(1997)「중국어 담화분석과 테마-레마의 설정」,『中國語文學』제29집

陳妹金(1996)「賓語的漂移」,『중국언어연구 제4집』, 중국언어연구회

채 완(1979)「話題의 意味」,『冠岳語文硏究』第4輯

　　　　(1990)「國語 語順의 機能的 考察」,『同大論叢제20집』, 동덕여자대
　　　　학교

• 저자 •

남궁양석   • 약 력 •
南宮良錫
     경기대학교 중어중문학과
     한국외국어대학교 중국어과 석사
     고려대학교 중어중문학과 박사
     고려대, 경기대, 아세아연합신학대, 성결대, 서울디지털대 강사 역임
     경기대학교 중어중문학과 대우교수 역임
     창신대학 관광중국어통역과 교수 역임
     (현) 한국관광대학 관광중국어과 교수

   • 주요논저 •
     『중국의 언어와 문화』(공저)
     「한·중 지시어 대비에 관한 소고」
     외 다수

• 중국학 신총서1 •

현대 중국어 어순의 정보구조와 초점

• 초판 인쇄	2008년 2월 28일
• 초판 발행	2008년 2월 28일
• 지 은 이	남궁양석
• 펴 낸 이	채종준
• 펴 낸 곳	한국학술정보㈜
	경기도 파주시 교하읍 문발리 513-5
	파주출판문화정보산업단지
	전화 031) 908-3181(대표) · 팩스 031) 908-3189
	홈페이지 http://www.kstudy.com
	e-mail(출판사업부) publish@kstudy.com
• 등 록	제일산-115호(2000. 6. 19)
• 가 격	23,000원

ISBN   978-89-534-7819-0 93720 (Paper Book)
          978-89-534-7820-6 98720 (e-Book)